PERSPECTIVAS QUASE FILOSÓFICAS

Editora Appris Ltda.
1.ª Edição - Copyright© 2021 dos autores
Direitos de Edição Reservados à Editora Appris Ltda.

Nenhuma parte desta obra poderá ser utilizada indevidamente, sem estar de acordo com a Lei nº 9.610/98. Se incorreções forem encontradas, serão de exclusiva responsabilidade de seus organizadores. Foi realizado o Depósito Legal na Fundação Biblioteca Nacional, de acordo com as Leis nos 10.994, de 14/12/2004, e 12.192, de 14/01/2010.

Catalogação na Fonte
Elaborado por: Josefina A. S. Guedes
Bibliotecária CRB 9/870

R375p
2021
	Reis, Nilo Henrique Neves dos
	    Perspectivas quase filosóficas / Nilo Henrique Neves dos Reis. - 1. ed. - Curitiba : Appris, 2021.
	    203 p. ; 23 cm.
	
	    Inclui bibliografia.
	    ISBN 978-65-250-1361-9
	
	    1. Ensaios brasileiros. 2. Perspectiva (Filosofia). 3. Realidade. I. Título. II. Série.
	
	                                                                                             CDD – 869.3

Editora e Livraria Appris Ltda.
Av. Manoel Ribas, 2265 – Mercês
Curitiba/PR – CEP: 80810-002
Tel. (41) 3156 - 4731
www.editoraappris.com.br

Printed in Brazil
Impresso no Brasil

NILO HENRIQUE NEVES DOS REIS

PERSPECTIVAS QUASE FILOSÓFICAS

FICHA TÉCNICA

EDITORIAL	Augusto V. de A. Coelho
	Marli Caetano
	Sara C. de Andrade Coelho
COMITÊ EDITORIAL	Andréa Barbosa Gouveia (UFPR)
	Jacques de Lima Ferreira (UP)
	Marilda Aparecida Behrens (PUCPR)
	Ana El Achkar (UNIVERSO/RJ)
	Conrado Moreira Mendes (PUC-MG)
	Eliete Correia dos Santos (UEPB)
	Fabiano Santos (UERJ/IESP)
	Francinete Fernandes de Sousa (UEPB)
	Francisco Carlos Duarte (PUCPR)
	Francisco de Assis (Fiam-Faam, SP, Brasil)
	Juliana Reichert Assunção Tonelli (UEL)
	Maria Aparecida Barbosa (USP)
	Maria Helena Zamora (PUC-Rio)
	Maria Margarida de Andrade (Umack)
	Roque Ismael da Costa Güllich (UFFS)
	Toni Reis (UFPR)
	Valdomiro de Oliveira (UFPR)
	Valério Brusamolin (IFPR)
ASSESSORIA EDITORIAL	João Simino
REVISÃO	Cristiana Leal Januário
PRODUÇÃO EDITORIAL	Juliana Adami Santos
DIAGRAMAÇÃO	Yaidiris Torres
CAPA	Eneo Lage
ILUSTRAÇÃO	Rogério Adriano (Hoger)
COMUNICAÇÃO	Carlos Eduardo Pereira
	Débora Nazário
	Karla Pipolo Olegário
LIVRARIAS E EVENTOS	Estevão Misael
GERÊNCIA DE FINANÇAS	Selma Maria Fernandes do Valle

Este escrito é dedicado aos meus pais e aqueles que por acaso me tenham como seu desafeto. Aos primeiros, Verbena Neves dos Reis e Nilo Alves dos Reis, porque sempre me ensinaram com o afeto que há bons e maus valores na vida, e que a adoção de um ou outro comportamento estão condicionados às nossas escolhas e riscos. Aos segundos, porque sempre me inspiraram a seguir em frente, construindo meu próprio caminho.

AGRADECIMENTOS

Agradeço imensamente aos professores e amigos Brian Gordon Lutalo Kibuuka, Luiz Carlos Montans Braga e Charliston Pablo Nascimento, pela leitura, pelas críticas e sugestões aos textos que compõem este conjunto de escritos. Graças aos três que me guiaram com pontuais alusões e, principalmente, incentivos, eu pude levar adiante e expor o modo como enfrento determinadas surpresas antirrepublicanas que o "meuio" ambiente produz contra quem ousa pensar distintamente fora da inclinação e dos valores intrínsecos ao interesse do próprio segmento categorial. A discussão política me atrai de modos inesperados e, mesmo que não compartilhe com a fórmula imposta do "meio" acadêmico, sigo buscando outros caminhos, pois há tempos que quem segue uma única via aprisiona-se na trilha dos tijolos amarelos. É como que recorrendo à livre tradução da canção "Goodbye Yellow Brick Road, de 1973, de Elton John: "você sabe que não podia me segurar para sempre". Então, a tarefa política democrática e a construção do consenso passam, necessariamente, pela capacidade de "escutar" o outro, o que é uma missão imaginária quando esse outrem se coloca como o portador da absoluta "verdade". A primeira atividade da política é abandonar "a fazenda" e deixar de ser um "presente" para os amigos que pensam igualmente, para, logo depois, dirimir as divergências, tendo como pressuposto o respeito à dignidade humana. Tarefa hercúlea, mas não menos digna de ser executada. Agradeço aos professores Yves São Paulo e Jean Paul d'Antony Costa Silva, que prontamente permitiram a republicação dos ensaios postados nas revistas *Sísifo* e *Entheoria*. Agradeço ainda ao Editor Arnaldo Giraldo que permitiu republicações de textos já alterados pela ação do tempo.

Com vestes largas e longas, com o semblante artificialmente pálido, eles fazem uso de voz humilde e mansa, para pedir o que é dos outros; mas a tornam altíssima e robusta, para censurar, nos outros, os seus próprios vícios. Da mesma forma agem, quando querem mostrar que eles tomam o caminho da salvação, quando tiram o que é dos outros, mas que os outros só se salvam quando dão, a eles, religiosos, o que possuem...

(O Decamerão, Boccaccio)

PREFÁCIO

I. VERSO

Há um ditado, nos meios literários de vanguarda, e cuja autoria já foi atribuída aos mais diferentes críticos, poetas e escritores, que afirma que o leitor que, depois de percorrer alguns parágrafos, fecha um livro porque não o entendeu está fazendo um juízo que diz mais respeito sobre si mesmo do que sobre aquela obra. Trata-se, notadamente, de um ditado que tensiona as relações institucionais do meio literário, principalmente naquilo que diz respeito aos embates entre correntes mais conservadoras no trato da poesia e da prosa, em contraposição àquelas outras que adotam uma perspectiva de ordem experimental, no sentido de ansiarem por expandir os horizontes da própria escrita literária a partir das diferentes tecnologias com as quais o uso da linguagem se inter-relaciona.

Autores tão diversos, como Stéphane Mallarmé, Velimir Khlébnikov, Alfred Jarry, Guillaume Apollinaire, Ezra Pound, Marcel Proust, Tristan Tzara, Vladimir Maiakóvski, Alfred Döblin, Jean Cocteau, James Joyce, Oswald de Andrade, André Breton, e. e. cummings, Patrícia Galvão, Eugen Gomringer, Öyvind Fahlström, Augusto e Haroldo de Campos, Decio Pignatari, Italo Calvino ou Georges Perec, dentre tantos outros criadores que fizeram uso de um caráter experimental da linguagem na literatura, e que hoje são institucionalmente consagrados nesse meio institucional, sofreram de seus contemporâneos (e, em certa medida, ainda em nossa contemporaneidade sofrem) com esse tipo de receptividade própria do estranhamento de um certo tipo de público. Não compreendendo a peculiaridade da escrita daquelas obras e o tipo de tecnologia de linguagem de que fazem uso, e ansiando por resgatar um modelo ou método padronizado, instituído e tradicionalizado de escrita, isto é, uma espécie de dever-ser da criação literária, muitos leitores – e, vale ressaltar, também muitos críticos – habituados apenas à compreensão de uma estilística narrativa já assimilada na poesia e na prosa costumam abandonar, logo depois de se defrontarem com a exigência da aventura que aquelas experiências literárias impõem, toda e qualquer possibilidade de as experimentarem.

Mais do que isso, infelizmente, é comum a esse tipo de leitor e de crítico, arbitrariamente, negar o próprio status poético-literário daquelas obras e artistas, sentenciando-os a adjetivações pejorativas, como "tal artista está confundindo literatura com jogos", "esse tipo de experimento quer destruir a literatura", ou, ainda mais intensiva, "isto não é literatura".

Essa atitude de um leitor ou crítico, contudo, corresponde a uma ação análoga à de cuspir contra um ventilador ligado. E o motivo é bastante fácil de se compreender: uma apriorística relutância ou insurgência contra algo que o sujeito nada ou mal compreende jamais consuma um juízo sobre o objeto; apenas denuncia as deficiências relacionais de um leitor ou crítico com aquilo com que se defronta e, por conseguinte, objetiva as delimitações desse leitor ou crítico para a compreensão das diferentes dinâmicas possíveis das infinitas possibilidades de uso da linguagem. Por detrás de sentenças, como "mas isto não é poesia", ou "mas isto não é literatura", tantas vezes aplicadas àquelas obras, temos antes um "este leitor/crítico pretende se forjar um juiz daquilo que não entende".

Obviamente, o chamado anterior não pode ser confundido – embora muitas vezes o seja – com uma contrapartida imatura e bastante comum por parte de escritores e poetas iniciantes, ao atribuírem que algum juízo crítico que lhes aponta alguma deficiência na escrita seja oriundo do mesmo equívoco crítico daqueles que não compreenderam a dimensão paradigmática e inovadora de nossos icônicos literatos e poetas de vanguarda, ou daqueles novos poetas e escritores que, sendo dotados de um claro conhecimento das possibilidades de uso da linguagem, aventuram-se com seriedade na proposição de novos experimentos literários. Se, no caso desses últimos, uma avaliação rigorosa verificará naqueles escritos uma clarividente consciência de modelos e métodos criativos a partir das funções da linguagem e que tais métodos são passíveis de aplicação para novos suportes criativos na arte literária[1]; no primeiro caso,

---

[1] Nota do autor: para citarmos alguns exemplos experimentais e historicamente constatáveis na arte literária, e em conformidade com alguns dos autores citados anteriormente: a articulação sintática (palavra-coisa) e a simultaneidade tempo-espacial em Mallarmé; o uso dos fonemas e interjeições culturais formulação de uma poesia transracional em Khlébnikov; a ideografia no imagismo de Ezra

o que temos é apenas a ocorrência de um aprendiz que necessita estudar mais e se aprofundar mais nos ensinamentos da arte na qual almeja se inserir. Nesse caso, temos aqueles jovens poetas que precisam aprender sobre a teoria e a prática da poesia, inclusive do conhecimento de formulação semântica das narrativas (os conteúdos literários), ao passo que, no caso do leitor e crítico que abjeta aprioristicamente a legitimidade artística de novos paradigmas, temos aqueles que – a despeito de suas próprias crenças e arrogância em se autoproclamarem detentores do pleno conhecimento da natureza da literatura –, necessitam retomar o papel de aprendizes e estudar as diferenças entre conteúdo, forma e conceito, e como essas três perspectivas estão presentes e se desenvolvem na própria história e vitalidade da arte literária.

Há ainda um segundo ponto a ser observado nesses casos, que remonta ao trato de o aspirante imaturo a poeta ou escritor por vezes confundir a necessidade de aprendizado básico dos instrumentos de um uso da linguagem com a compreensão, por parte daqueles que já dominam tais instrumentos, de que um determinado uso da linguagem necessita expandir seus horizontes. Não tão ocasionalmente, maus leitores confundem os membros do segundo grupo como se fossem do primeiro, ou seja, tratam uma investigação experimental da escrita como se essa fosse tão somente a manifestação de algum tipo de rebeldia que se insurge contra as instituições porque suas afirmativas não teriam sido aceitas como salvo conduto para a inserção de seus escritos no mundo da literatura. Obviamente, trata-se de uma confusão derivada de uma má compreensão crítica (e, notadamente, consequência de ter sido formulada por um mau leitor) que, adotando atitude similar à do jovem escritor imaturo, rebela-se contra tudo aquilo que não é o que ele próprio compreende – meramente a partir de seus costumes. Que haja uma ação de rebeldia por parte de jovens escritores, não se discute: ela é oriunda tanto de sua jovialidade quanto do desejo de ser aceito no meio literário. Porém, se há também alguma rebeldia por parte daqueles criadores que estabelecem novos paradigmas para a literatura e para a poe-

---

Pound; a inventividade formal e a ruptura com a diferença entre vocábulos poéticos e não poéticos em Maiakóvski; os caligramas em Apollinaire; o fluxo da consciência e a livre associação onírica e polissêmica nos jogos de linguagem de James Joyce; a atomização dos vocábulos em e. e. cummings; o princípio da verbivocovisualidade na poesia concreta brasileira; os lipogramas em Georges Perec etc.

sia, essa não é uma rebeldia juvenil ou autoritária, mas o manifesto de uma consciência do papel institucional da literatura e da arte, da consciência de que a linguagem possui em sua natureza uma dinâmica e um alargamento, e tal meio necessita compreender essa amplitude: ela anseia pela jovialidade/vitalidade da própria literatura.

Fenômeno semelhante ao que, historicamente, aconteceu na literatura em relação às vanguardas também ocorreu – e ainda ressoa – no campo da filosofia. Tendo ampliado, em grande medida, o alcance de possibilidades temáticas e metodológicas que pudessem ser abarcadas pelo pensamento filosófico a partir das conquistas técnicas, científicas, artísticas e de formação educacional oriundas da segunda metade do século XIX, de modo concomitante, houve o advento de diversas e distintas correntes filosóficas cujo trato pelo público e crítica, inicialmente, antes foi o da reserva do que da adesão. É o que se pode apreender, por exemplo, do surgimento e desenvolvimento do pragmatismo, da fenomenologia, do materialismo histórico, da filosofia analítica, da hermenêutica, do existencialismo, do estruturalismo etc. Nos dias atuais, essas correntes já estão consolidadas, de maneira mais eficaz, na cultura filosófica de diversos países, mas nem por isso alguns dos jargões tradicionalistas com os quais tiveram de se defrontar, tampouco seus próprios jargões de militância e manifestos para inicialmente demarcarem algum território na prática filosófica, deixaram ainda de ter forte presença na própria cultura institucionalizada da filosofia.

Em alguns países, principalmente aqueles onde a tradição filosófica ainda não se encontra plenamente consolidada, no sentido de que tal cultura ainda não maturou por inteiro a sua prática filosófica em sua diversidade nem encontra, em seu meio institucionalizado, autores ou movimentos de representatividade que extrapolam as fronteiras de seu próprio domínio de articulações; é costumeira a presença de uma espécie de provincianismo interpretativo acerca da natureza e função da filosofia e, não raras vezes, também uma automática e inconsciente sujeição de seus estudiosos a toda espécie de jargão que lhes possa aferir – corporativamente e de modo confortável – uma condição passiva no trato do pensamento. É sob esse tipo delimitado de *Weltanschauung* filosófica, por sinal, que ainda, em nossos dias, encontramos – e, felizmente, a cada dia em menor número, provavelmente em razão da representatividade caricatural de seus personagens – não poucos profissionais da filosofia que, de maneira um tanto imatura, procuram estabelecer uma pretensa equivalência entre o aprendizado inicial em filosofia, que notoriamente exige o trabalho exegético, e a falsa ideia de que a única tarefa do meio filosófico é prosseguir *ad infinitum* fazendo exegese.

Sob a perspectiva desse meio, que pouco ou nada percebe o quanto apenas adotaram para si uma razão de vida colonizada (do agir e do pensamento), dois procedimentos inadequados para o progresso do meio filosófico se tornam constantes e sem muitos questionamentos críticos. Primeiro, tomam para si a ideia de que o trabalho de um filósofo consiste em agir como uma espécie de ser obtuso que oscila entre um tipo de contemplador grego antigo e um agente promotor do conhecimento desinteressado à moda do iluminismo do século XVIII. Como consequência dessa embaraçosa máscara tragicômica mal representada, tais profissionais da filosofia encampam para si próprios essa personificação romantizada do filósofo e, a seguir, cometem o segundo equívoco, aquele que por sinal lhes denuncia a farsa imagética: apesar da auréola com a qual tentam blindar e enobrecer sua tarefa, reduzem o objeto de suas nobres e elevadas investigações à mera interpretação de textos. Essa dupla perspectiva gera um círculo vicioso, no qual os problemas filosóficos deixam de estar em conformidade com as nossas relações com o mundo para se reduzirem a uma compreensão filosófica puramente enciclopédica da realidade, e na qual, diante da impossibilidade de tais seres olharem para o mundo em que pisam, reduzem toda possibilidade de progresso filosófico a uma eterna e constante especialização em um dado pensador ou método.

Surgem, assim, esses baluartes da estagnação da prática filosófica, que, ao invés de fazer uso instrumental dos métodos e autores que pesquisaram para os adotarem de maneira crítica na prática filosófica de seus cotidianos, pretendem reduzir a prática cotidiana do pensamento filosófico aos seus próprios currículos de formação acadêmica. Sem a percepção daquilo que há de caricato nessa empreita, engessam a dialética da prática filosófica a uma retórica carcomida de embates entre correntes e pensadores consagrados. Ironicamente, tomam para si um embate político entre filosofia continental versus filosofia analítica, como se tal contenda tivesse algo a ver com a própria prática filosófica; empunham e vociferam bandeiras defasadas dos "manifestos" de seus autores de carreira tal como se esses jargões tivessem alguma realidade concreta para a filosofia, a exemplo de sentenças datadas ainda tão repetidas por profissionais do nosso meio, como "Nietzsche, Heidegger e a hermenêutica em geral são literatura, mas não filosofia", ou "Só é possível filosofar em grego e alemão", dentre outros disparates por todos nós bastante reconhecíveis.

Tal como a imaturidade do leitor ou crítico de literatura que pretende reduzir a natureza e função da literatura apenas aos livros e métodos que leu, assimilou, compreendeu e de que gostou, na filosofia temos, de maneira equivalente, a existência desse tipo provinciano e conservador cujo único horizonte filosófico para a prática da filosofia é o seu próprio umbigo curricular. Que esse tipo de personagem tome para si próprio esse horizonte, não há o menor problema. Mas, ao proferi-lo como práxis para a própria prática da filosofia, e sob o arbítrio de suas autoridades institucionais, aí já encontramos um sério empecilho, cuja crise, na filosofia brasileira de nossos dias, é o resultado – por mais arbitrário e iconoclasta que seja seu motor político.

A eminência dessa crise filosófica institucional no Brasil já vinha sendo alertada por não poucos atuantes da prática em filosofia no país, mas seus chamados a uma crítica contra o engessamento de nossa dinâmica nos meios formais de ensino quase sempre foram taxados de imaturidade rebelde, quando na verdade eram o fruto de uma maturação que encontrou, na necessidade de expansão de nossos horizontes temáticos e instrumentais, um alicerce para superarmos uma prática cujo horizonte se encontrava fatidicamente engessado. Precisamos ver erigida, em forma disfarçada de revisão crítica da filosofia, a figura de um iconoclasta desprovido de qualquer interesse filosófico para tomarmos consciência do óbvio: não se faz progresso da prática filosófica por meio de articulações corporativistas de correntes de pensamento, mas quando tais correntes instrumentalizam seus métodos para pensarem o mundo em que pisam. Dito de maneira mais explícita: absortos em um véu de colonizados que se creem colonizadores, inebriados por uma aura (bolha?) que romantiza o pensador filósofo em um ser de cognição universal e desinteressada, não percebemos o contrassenso de querermos pensar para nós mesmos e para o mundo que nos cerca as roupas de uma cultura que não é a nossa. E, o pior, que, em nome de mantermos nosso intelecto virado de costas às nossas próprias existências, cultura e país, tenhamos tomado por meta de estudos a solução narcotizada de querer pensar nosso mundo sob os limites de um pensamento cujo horizonte pouco ou nada diz sobre nós, mas sobre a existência, cultura e país de seu autor.

Que um jovem criado no universo de desigualdades sociais, preconceitos e falta de condições básicas de saúde, saneamento ou higiene de qualquer periferia de qualquer cidade brasileira no século XXI (por exemplo, no escaldante calor do agreste de Feira de Santana), queira pensar o mundo que o cerca à moda do germânico Friedrich Nietzsche no século XIX, ao pensar o mundo a partir da Prússia, é algo cujos méritos podem até ser compreendidos, assimilados e justificados, mas, de algum modo, essa roupa não lhe cai muito bem e, em certa medida, delimita-lhe um caráter um tanto fantasioso, alegórico e carnavalesco para a roupagem filosófica que diz vestir. Acredito, e hoje de maneira bastante contundente, que, na prática filosófica institucional brasileira, ocupamo-nos em demasia em justificar nossas fantasias alegóricas, como se fossem o retrato fiel de nossa realidade, quando poderíamos ter sido um pouco mais sagazes em pensar que nossa tarefa na filosofia é antes a de adotarmos dos pensadores seus instrumentos e métodos, pois, do mundo em que vivemos, não temos como escapar a nossa realidade – a não ser sob o efeito de narcóticos. Ademais, é sob essa clara consciência não escapista de compreendermos a (nossa) realidade a partir desses instrumentos filosóficos que encontramos a prática real da filosofia, sua dialética, seu desenvolvimento: sua tecnologia.

II. REVERSO

Literatura não é a arte da escrita do imaginário (no sentido de se tomar a imaginação como processo antagônico ao pensamento racional), mas a arte que, por meio de suas tecnologias de linguagem, procura tornar compreensível o exercício imaginativo. É um trabalho tão pragmático e funcional, como o de um pedreiro ou de um filósofo (embora muitos filósofos tenham dificuldades de se identificarem com essa perspectiva), mas cujos tijolos e argamassa se alicerçam no horizonte criativo da imaginação e seus tijolos-linguagens.

Se Ezra Pound e Martin Heidegger estiverem certos – e, obviamente, denotadas as suas diferentes formulações – a natureza e função da literatura – notadamente em sua essência mais profunda, a poesia – tem a ver com a manutenção da saúde e vitalidade da própria linguagem. Que tais interpretações sejam facilmente verificáveis nos próprios mecanismos de poetização das palavras efetuados por nossas crianças, jovens e poetas (e esses três referentes aqui empregados nada tem de interpretação causal), disso não resta dúvida. Que essa vitalidade da linguagem também possa vir a ter um uso instrumental na filosofia, faço idêntico juízo, mas com uma única ressalva: é preciso darmos asas a esse âmbito de experimentos e, ao mesmo tempo, atentarmo-nos para seus alcances.

No Brasil, país que, na criação filosófica, ainda se encontra a distantes passos da representatividade alcançada por nossas ciências sociais, por nossos historiadores, por nossos poetas e literatos, por nossos artistas visuais e, notadamente, por nossos músicos, encontramo-nos ainda em um estágio no qual tudo aquilo que não se enquadra na exegese e nas regras da ABNT corre o constante risco da ridicularização. Exigimos, de maneira persistente, a disciplina do minucioso trabalho exegético, mas, por alguma razão obscura, tendemos a temer qualquer passo além dessa prática, tal como se houvesse um homem do saco ou um bicho-papão escondido para além de suas fronteiras. Parafraseando Decio Pignatari, no corpo institucional da filosofia no Brasil, tudo aquilo que não é da ordem da medula e do osso é tratado como geleia geral.

O que não se costuma levar em conta, porém, é que o próprio intento do rigor exegético – que indubitavelmente já atingiu, em nosso país, uma estatura bem consolidada e de consonante representatividade no exterior – necessita agora almejar novos passos, permitir a si próprio experimentar novos usos instrumentais da linguagem, encontrar para si novos horizontes de aplicação não apenas para o âmbito metodológico, mas também para a compreensão da realidade de mundo que habitamos. Se teremos sucesso nessa busca, trata-se de um risco. Entretanto, tendo a pensar que, assim como para um alpinista a graça de sua atividade não é apenas tirar uma foto no cume da montanha, mas o próprio desafio da escalada, ou, de igual modo, que, para o grupo de amigos que decide jogar uma pelada no fim de semana, o objeto de prazer não é a quantidade de gols ao fim da partida, mas a própria experiência do jogo ou, por fim, que aquilo o que faz assistir a um filme algo interessante não é assistir ao seu desfecho (posto que assim só assistiríamos aos finais dos filmes) mas a experiência de seu processo, de igual modo tomo por juízo que a vitalidade de um trabalho filosófico não decorre do número de artigos ou pontuações no Currículo Lattes que esse trabalho possa vir a ter, mas do fato de que aquela experiência de trabalho possa ter, de seu *leitmotiv* ao seu desenvolvimento e desfecho, alguma razão filosófica de ser.

Que no Brasil a filosofia ainda se ampare, sobretudo, na atividade exegética, não constitui por si um problema. Trata-se de um expediente oriundo de nossa formação cultural. Submersos em uma cultura constituída por alicerces da visão de mundo barroca, pela formação educacional dos jesuítas, por uma economia escravocrata que não se comprometeu com o ingresso social dos escravos libertos após a abolição da escravatura, por um país colonizado cujo próprio nome é derivado do produto saqueado pelos colonizadores (o pau-brasil) e, acima de tudo, um país cujo histórico nefasto nos engendrou uma perspectiva de mundo carregada de complexos de inferioridade – cujo termo de Nelson Rodrigues "complexo de vira-latas" tão bem nos simboliza –, o advento do rigor exegético, nas academias de filosofia, no século XX, origina-se de uma necessidade progressista: precisava-se construir uma prática da filosofia com bases sólidas, compreender seus temas, seus métodos, seus autores de relevância e suas funções, para somente, a seguir, poder pensar algum passo eficaz e legítimo na construção de uma filosofia brasileira ou de pensamentos filosóficos do/no Brasil. Em outras palavras, tratava-se de uma experiência cuja origem foi notadamente vital para que a nossa filosofia tivesse bases sólidas.

Sendo assim, o advento da perspectiva exegética, como um alicerce de nossa formação filosófica, não deve ser compreendido como um erro. E, de fato, não é, nem o foi. Ao observarmos as produções filosóficas mundo afora, ao participarmos de colóquios e congressos de filosofia em qualquer outra região do planeta em que a prática da filosofia também esteja consolidada, verifica-se, já de início, o papel fundamental da exegese nas formações filosóficas de todo o mundo. São as sapatas da casa filosófica em qualquer meio institucional da filosofia. Porém o que de fato não caminhou junto ao projeto de nossa filosofia é que no Brasil a construção de nossa "casa filosófica" tem sido, em certa medida, reduzida apenas ao princípio da construção de suas bases: a exegese pela exegese ainda é uma constante em nosso meio. Desse modo, restou-nos um debate – que ainda perdura – entre aqueles que: a) confundem as sapatas de uma casa com a própria casa, reduzindo as nossas instituições filosóficas a uma abjeta tarefa de debater se devemos nos condicionar – e nos fazer colonizar – ou por uma perspectiva continental, ou por uma perspectiva analítica anglo-saxã na construção das paredes; b) outros – notadamente oriundos desse primeiro grupo – que se insurgem contra toda e qualquer iniciativa de que nossas instituições filosóficas devem estabelecer paradigmas experimentais para fazermos filosofia para além da exegese, atribuindo a toda iniciativa uma pejoração análoga à do leitor tradicionalista e provinciano em relação à literatura, tal como se novos empreendimentos em filosofia consistissem em destruir o trabalho já feito; c) felizmente, mas ainda raros, aqueles que têm optado por iniciativas, particulares ou em pequenos grupos, por somar às sapatas da exegese de nossa filosofia alguma possibilidade de erguermos as paredes e o teto a partir da compreensão de nossa realidade e tendo, na diversa gama de autores e correntes filosóficas, a ideia de instrumentos basilares. Tais iniciativas, quase sempre de ordem experimental, muitas vezes são recepcionadas, por muitos de nossos pares, como uma mera ação decorativa, um adorno para uma casa que sequer ainda possui paredes. Juízo equivocado: a natureza de tais tarefas consiste justamente em levantar as paredes de nossa casa filosófica, pois a exegese dos textos clássicos não pode nos oferecer – em razão de sua própria natureza – muito além de uma base firme; de igual modo, forjar nossas paredes com uma identidade que não é a nossa daria a essa residência não uma parede firme, mas uma interpolação bricolada disforme. A realidade é que as paredes estão por nossa conta, e, para a construirmos, teremos de nos permitir experimentar: para a casa de nossa filosofia já encontramos as condições necessárias, mas elas não são nem por hipóteses suficientes. Repito: não nos são suficientes.

III. VICE-VERSOS

O livro de Nilo Reis, *Perspectivas quase filosóficas*, não tem por horizonte manifesto de seu autor a busca por um empreendimento literário vanguardista tampouco enseja, em suas perspectivas intituladas "quase filosóficas", alguma iniciativa revolucionária para a escrita filosófica acadêmica no Brasil. Seu autor não propõe, aqui, nem a apresentação de novos procedimentos formais e/ou conceituais do trato da natureza e função da escrita literária; por outro lado, não busca, em suas perspectivas, tomar uma posição consciente e manifesta de antepor, sobrepor ou interpor aos métodos de análise e interpretação filosófica correntes em nosso meio um tipo de experimentação de instrumentos corriqueiros à arte literária.

Para dizer a verdade, o histórico profissional de Nilo Reis na filosofia, enquanto pesquisador ou professor acadêmico, antes poderia ser empregado para contrapor os argumentos que apresento neste Prefácio do que apontar o anseio do autor do livro por embarcar em procedimentos experimentais na academia. Com cerca de duas décadas no exercício da profissão acadêmica, Nilo Reis presa pelo rigor e disciplina dos estudos clássicos, pela interpretação referenciada dos textos e problemas filosóficos e pela máxima impessoalidade na análise dos conteúdos e conceitos. Talvez por essa razão, ao ingressar no diálogo dos temas filosóficos com as narrativas literárias das crônicas, dos contos e dos ensaios aqui presentes, tenha tomado para si a prerrogativa de deixar claro, já no título de sua obra, que esses trabalhos não pretendem ser – portanto não devem ser – compreendidos como escritas filosóficas, mas quase filosóficas. Está subjacente aqui, contudo, que a escrita exegética já não o contempla, ela não lhe basta, e a presença do "quase" no título de sua obra merece a nossa atenção.

Ao denominar seus escritos aqui presentes sob a sentença de perspectivas quase filosóficas, Nilo Reis optou por ingressar em um modo de narrativa que não é, propriamente, nova no campo da prática filosófica, tampouco da literatura. Imbricar e/ou relacionar as tecnologias de linguagem da literatura e as tecnologias de linguagem da filosofia consiste em um tipo de empreendimento que foi, historicamente, empregado por autores, como Friedrich Nietzsche, que recorreu à poesia, à aforística e à alegoria em seus textos filosóficos, assim como também foram adotados nos contos, nas novelas e nos romances por autores, como Friedrich Schiller, Georges Bataille e Albert Camus. Em contrapartida, não me parece equívoco afirmar que não poucos estudos procuram apontar, em obras de consagrados escritores, como James Joyce, Fiódor Dostoiévski, Johann von Goethe ou Franz Kafka, a presença de conteúdos propriamente filosóficos em narrativas literárias. Por outro lado, também não me parece um equívoco observarmos que, mesmo na dialética grega clássica, a exemplo da maiêutica socrática ou em Platão, tenhamos ali subjacentes uma estruturação de conteúdo que dialoga com a forma das peças trágicas, principalmente em Eurípedes.

Fazer o emprego de procedimentos estruturais da literatura para o trato das questões filosóficas, ou, em contraposto, utilizar-se de procedimentos da escrita filosófica para a sua abordagem temática em literatura, desse modo, corresponde a um tipo de artifício de engenho e desenvolvimento considerável tanto na prática filosófica quanto na prática literária. De modo que fazer uso desses procedimentos não implica qualquer arbítrio de ordem revolucionária ou iconoclasta contra um campo ou outro. Trata-se, em verdade, da manifestação de um reconhecimento dos valores dessas tecnologias e instrumentações de linguagem e – ao buscar para si o ingresso nesse tipo de atividade autoral e filosófica, também na manifestação por parte de um autor em filosofia – de que ele está aflorando um domínio do trato literário, ou, inversamente, de que um autor em literatura está aflorando para as suas criações um domínio do trato filosófico. É sob essa perspectiva que a obra de Nilo Reis aqui presente se orienta e, acredito, tão somente a partir dessa perspectiva respaldada em uma longa e séria tradição do trato de ambos os domínios de escrita que uma pessoa dotada da personalidade de Reis haveria de se propor o ingresso e exercício. Afinal, dados os traços de sua carreira profissional de anseios disciplinados, esse profissional da filosofia não se permitiria a adesão em algum tipo de aventura. Não mesmo? Que esse seja o anseio ou a perspectiva de seu autor, é algo de fato honroso e respeitável. Que na prática seja esse o resultado, tendo a pensar justamente o contrário: há aqui um claro ingresso em uma aventura de ordem experimental, notadamente em uma perspectiva filosófica, e, queira ou não queira seu autor: a escrita exegética já não lhe basta.

Ao pensarmos algo a partir do referente "quase", valemo-nos de um artifício que propõe algo como uma espécie híbrida. Assim, é bastante comum – por sinal, foi bastante usual mesmo nas vanguardas literárias mencionadas no início deste Prefácio – que um poeta visual, por exemplo, opte por dizer que aquilo o que faz não é poesia nem artes visuais no sentido tradicional do termo, mas um tipo de arte que *transita* entre a narratividade poética das palavras e a visualidade das formas, cores etc. Trata-se, costumam dizer, de uma obra híbrida; do mesmo modo, muitos de seus intérpretes também assim formulam e compreendem esse tipo de obras. Expediente bastante comum nas mais diferentes artes nos séculos XX e XXI, as artes híbridas se permitem até mesmo o emprego de objetos efêmeros ou daquilo que convencionaram chamar não materialidade a fim de destacarem esse caráter de *trânsito* ou *ponte* ou *inter*-relação entre domínios distintos de saber e suas respectivas tecnologias de linguagem.

Entretanto toda manifestação híbrida – para valermo-nos de um dos mais primorosos ensinamentos gestaltianos – não corresponde de fato à manifestação de um não isso ou um não aquilo, mas a um algo-outro. Seja ou não do anseio de seus criadores e intérpretes, o que está por trás de toda tentativa híbrida é uma perspectiva de ordem crítica às fronteiras do que aquele determinado campo de saber possui em suas fronteiras e métodos. Desse modo, ao apresentarmos obras de caráter híbrido, conjunto a essa iniciativa inter-relacional entre dois domínios engendramos novas possibilidades, novos paradigmas, novos métodos passíveis de adoção por esses dois diferentes campos do saber e, por sua vez, ainda a manifestação de coerência plausível desse *terceiro* ser originário da imbricação daqueles dois domínios.

Que este livro de Nilo Reis tenha consigo interessantíssimas contribuições narrativas para a reflexão de problemas filosóficos, que suas perspectivas quase filosóficas estejam repletas de sagacidade, bom humor e capacidade de descrição e caracterização literária dos seus personagens e mundos e, por fim, que seu autor tenha por anseio apresentar aqui um outro domínio de sua sensibilidade que extrapola a filosofia e encontra na literatura um bom território para empreender seus trabalhos, tudo isso é digno de seu intento, e, acredito, ele os obteve de maneira bastante salutar nesses escritos. Interessa-me, por outro lado, o algo-outro que seu "quase" do título ainda não diz – tampouco poderia dizer –, mas cujos resultados haveremos de encontrar, não tenho dúvidas, na continuidade desse processo de ordem experimental do qual ele próprio ainda não pôde nem pode ter total consciência de seus direcionamentos. O que há de fato oculto nesse "quase" é: o engessamento da instrumentalidade da exegese já não lhe basta!

Que Nilo Reis seja bem-vindo, com a presente obra, ao processo de experimentações de abertura e seriedade para o aprimoramento de nossa tecnologia de linguagem filosófica, pois não apenas manifesta aqui o seu reencontro com o mundo em que pisa, como também parece ter encontrado, nesse duplo domínio de conhecimentos e linguagens que são a literatura e a filosofia, um bom instrumento para levantar as paredes de sua residência filosófica. Que já em princípio seu autor traga consigo o alerta de que maus leitores e maus filósofos poderão forjar seus próprios hábitos em crítica, posto que o valor fundamental da presente obra é a sua experimentação, e essa prerrogativa manifesta a ira e a insurgência daqueles que mentem apreço por tradição quando o que louvam é o engessamento. A esses, só nos cabe parafrasear Caetano Veloso: não há nada mais Z do que um público que se pensa classe A.

Charliston Nascimento

SUMÁRIO

INTRODUÇÃO 27

A VOZ DA MINHA VIZINHA: SÓ LHE PEÇO... 37

RECONSIDERANDO O QUE SE PENSA DE INIMIGOS E CANALHAS . . 43

CRÔNICA EM DUAS LINHAS 51

VINHOS, GARRAFAS, SEGREDOS 53

A INVENÇÃO DE UM HOMEM, DE UMA VIDA E DE UM SEGREDO 61

NA REPARTIÇÃO PÚBLICA 65

O LUSTRE DE LUSTRO 71

DA FRAGILIDADE HUMANA 75

REVENDO O QUE É FELICIDADE 79

O ISOLAMENTO ACADÊMICO, PRÓTONS, ELÉTRONS E NÊUTRONS 85

ASSEMBLEIAS, MOÇÕES E SOLIPSISMO POLÍTICO E ÁRDEGO, COM DETERMINAÇÃO PSICOLÓGICA RECALCITRANTE 99

DIÁLOGO ACERCA DA INJUSTIÇA 117

PEQUENO TRATADO CANINO 133

WALTER CLOSET 143

ERA SÓ UMA BRAGUILHA, TALVEZ 155

O VERMELHO E O NEGRO: VERSÃO TROPICAL 165

PASSARINHO: A VERDADE COMO CRIAÇÃO 175

AROMATIZADA EXISTÊNCIA 181

POSFÁCIO I 189

POSFÁCIO II 193

REFERÊNCIAS 199

INTRODUÇÃO

Os escritos reunidos neste livro chegam ao conhecimento público, graças ao estímulo de amigos e à insistência de minha parceira de jornada. Eles julgaram profícuo compartilhar tais ideias, ainda que elas sejam tão díspares. Aliás, sou-lhes eternamente grato por acreditarem em mim. Em razão das dedicações amicais, posso suportar a realidade imaginária que me circunda, pois a opinião reinante do mundo externo é ditada pelo tribunal da razão que não entende que o humano pode conviver entre dois mundos com limites tênues. A gaiola da realidade é decorada com ornamentos vinculados ao puro interesse e poucas manifestações de nobreza. E confesso: essa grade serve para tonificar o egoísmo primordial que toda boa alma traz no fundo de sua natureza humana, e só isso poderia explicar o sucesso da "mão invisível" que controla a sociedade, segundo Adam Smith. Por estranho que seja, essa prisão é, indubitavelmente, atraente e, como não tenho uma alma que busca saber viver bem com outros, como Larry Darrell, protagonista de *O fio da navalha*, de William Somerset Maugham (2003), sinto-me ocasionalmente como o jovem Anakin Skywalker, caminhando a esmo, como o gerúndio do verbo ir, porém consciente de que não realizarei "a jornada do herói", que Joseph Campbell (2005) descreveu em *O Herói de mil faces*.

As questões tratadas neste livro estão ligadas às perspectivas relacionadas ao meu universo umbrático. Na condição de ser humano que sabe o que é, porém imaginando o que deveria ser. Assim, vou expressar minha personalidade irreal com observações que se opõem, às vezes e oportunamente, à caixa gradeada que prende cada um na sua análise ilegítima da realidade social, construída em conluio com outros. Pode até ser um exagero, mas o clima de desconfiança que me contamina, em cada linha, nem sequer permitia encaixar as palavras nas fórmulas já consagradas pela literatura. Tenho certeza de que os teóricos literários mais sensíveis me perdoarão por cada ofensa cometida aos gêneros, bem como não serão injustos por eu seguir esse caminho.

No que diz respeito ao estilo, seguirei os passos de Montaigne (2010), mas sem sua genialidade. Vou descrever estes escritos como "quase ensaios". A bem da verdade, não verificarei se as ideias de cada escrito servem ao propósito a que a ideia é prometida, portanto deixarei claro que não se trata de um ensaio, mas um "quase" que, sob a influência literária do realismo mágico, investiga perspectivas, procede à análise e segue escapando do gênero. Estes "quase ensaios" servem ao "indo" do meu interior que age como força impulsionadora de movimento. Como fatos e narrativas se convertem em palavras, graças às verossimilhanças entre o mundo real e fantástico, vou construindo minha percepção imaginativa das coisas e me imiscuindo em narrativas inexplicáveis que guardam correspondências com os fatos.

Tendo exposto a maneira particular de entender o mundo por quase ensaios, digo que eles funcionam como *proto* reflexões filosóficas, ainda que defectivas por conta da inconclusa formação de ser um humano pleno, o que é estranho, já que nunca temos uma visão satisfatória da vida interior formulado pela natureza. Anakin vivia essa dualidade cíclica como jedi, já que conhecia as normas expressas no manual da ordem, porém, como nunca deixava de ser humano, estava sempre sujeito às vicissitudes do amor e do ódio. Talvez, por conta desse conflito interno, entendia que a paz era um sonho, pois os humanos só sabem viver lutando uns contra os outros. Eis a lei incondicional da espécie humana que muitos não aceitam, o que leva todos a formar seu ponto de vista. Eis que segue a segunda lei, essa é condicional: cada um tem direito à afirmação de sua própria verdade, sendo indulgente a aceitar ou não outras. Esse último posicionamento não é constante, varia em cada contexto. E essas duas leis me conduziram ao título do livro: *Perspectivas quase filosóficas*.

O conteúdo do livro não tem aquele trato específico que corresponde à verdadeira filosofia, motivo pelo qual peço ao leitor que valorize mais o advérbio "quase", esse como correspondendo a um "triz". Isso tem um significado fundamental, porque o quase completa o vocábulo "perspectiva", afirmando que tudo está vinculado a um lugar, a um tempo e segue sempre de forma contínua, sem chegar a uma posição epistemológica mais privilegiada. O quase se propõe a ser uma compreensão limitada das coisas, ao tempo em que permite à coisa reinar ante a qualquer inspeção. Esse ponto de vista não leva ao relativismo absoluto, é apenas a minha maneira consciente de dizer que compreendo as coisas de forma oblíqua, enviesado por obstáculos que me impedem de perscrutar o mundo. E não se trata de uma maneira inteiramente inédita de ver coisas, ao contrário, é a mais comum. A minha nobreza – caso tenha uma – é dizer ao leitor que eu não tenho a melhor descrição, restando apenas o "quase". Os verdadeiros filósofos fazem o inverso, pensam mais à frente; procuram ver aquilo que ainda não está visível às retinas mais desatentas. E isso não é predizer, tarefa exclusiva do profeta.

Por fim, no que se refere à metodologia do "quase", o advérbio segue na contramão do propósito original da atividade filosófica porque confessa seu insucesso. Ora, ninguém é obrigado a levar a sério as paixões descritas do meu trabalho inglório de ser um ser humano entre outros. Anakin vivia "perturbado" porque queria impressionar seu mestre Obi-Wan Kenobi, sentia uma aversão controlada pelas decisões Alto Conselho Jedi, admirava a inteligência e pontos de vistas do Chanceler Palpatine e amava profundamente Padmé Amidala. O conflito era imanente em Anakin, ele não se tornou Darth Vader porque esse era tudo o que ele viria a ser, o efeito de uma causa que era o seu próprio devir. Diferentemente do personagem da saga, e sem uma referência tão ambígua, desde cedo entendi que verdades e mentiras dependem apenas da montagem da narrativa. Essa, quando bem executada, dá solidez às histórias que embalam multidões. A história ensina que boas teatralizações produzem sentimentos que justificam até sacrificar todos os jedis para que a ordem reine na galáxia, embora os que assistam à série saibam que todos os males que ocorreram foram planejados pelo nocivo Darth Sidious ou, para aqueles que não suportam ver o mal diante de si, preferem vê-lo como o afetuoso e inteligente conselheiro de Anakin, Senador Palpatine.

Tendo em vista as relações entre personagens, a intensidade com que misturo a imaginária realidade e os fatos fictícios, estes quase ensaios poderiam ter o título: *Um pequeno tratado das paixões*. Infelizmente, Descartes (1991) publicou algo assim há quatrocentos anos. Ainda que uns felicitem e outros critiquem, os escritos obedecem à dimensão literária defectiva, incompleta em si. Não é preciso distinguir a realidade enganosa, tudo é uma farsa literária com pitadas de cotidiano. Mas é indispensável lembrar que o tratamento e o conteúdo dos escritos mantêm referência com as percepções por mim vividas, afinal as ideias não são geradas por acaso, nem por uma espontaneidade descontextualizada. Elas, as ideias, surgem da mediação do sujeito com o contexto em que se está inserido, dando azo a imaginação literária. Prometo àquele que não me julgar precipitadamente, que tudo o que parece oculto, será revelado no final, ainda que os amantes da saga *Guerra nas Estrelas* saibam que Darth Vader veio primeiro que Anakin.

Mais um detalhe, não tenho a intenção de propor uma teoria estética distinta, acredito nas tradicionais, mas julguei que esse era o caminho que precisava transcorrer para que o leitor tivesse uma dimensão próxima dos conflitos e das tensões que vivem em desarmonia em meu universo imaginário. Outro detalhe significativo, ainda que use a linguagem, o vocabulário e o estilo que estão à disposição, me desvio da tradição, mas espero que meu auditório não tenha prejuízo de compreensão pela minha imperícia em seguir novos contornos. Mais um pequeno detalhe: sofro a influência das obras de Aristóteles (1985), Maquiavel (2017), Hume (2004) e Sartre (1978). Tais disparidades oferecem uma lógica das minhas intenções com estes escritos. Para avaliar a chave, devo ainda informar que, por trás das minhas conversas fantasiosas com esses autores, busco, sob suas influências, realizar a síntese filosófica do bem viver, sem desguarnecer o aspecto que o cidadão deve participar dos negócios públicos. Decerto que sou um romântico, mas sei que os sonhos não podem ir além das realidades. Aliás, agradeço a Freud (1996) tal consciência, sem *A interpretação dos sonhos* estaria "indo" mais longe do que Thomas Morus (2006) em sua criativa *Utopia*. Mas advirto: quem não entendeu a função da perturbação da força em Anakin não entenderá a atribuição do conflito em mim. Assim, esse poderá funcionar como uma espécie de "fio de Ariadne", personagem mitológico que guiará o leitor nas metáforas das situações imaginárias espraiadas nas próximas páginas. E se serviu a Teseu, servirá ao leitor...

"A voz da minha Vizinha: só lhe peço..." é um quase ensaio que diz que o mundo só pode ser experimentado por alguém que está emocionalmente vinculado às questões do cotidiano, preso entre as atribuições e o descaso do tempo para a fruição da literatura. Tempo é um privilégio para poucos. Como alimentava a crença equivocada de que pessoas intelectualmente preparadas usavam mais a razão do que outras, o que as levaria a ser melhores seres humanos, percebi, convivendo com seres imaginários, que todos têm distúrbios de caráter, ainda que sejam literários. Porém o bom senso não permite que a gente veja claramente que somos seres humanos com virtudes raras e vícios abundantes.

Há um mundo imaginário em que pessoas agressivas, com atitudes paranoicas e inclinações políticas, fazem o que podem para prejudicar outrem. Sendo uma boa pessoa, é natural não querer se aproximar dessas criaturas nocivas que adoram planejar tramas e perseguições. Elas entendem a liberdade como um jogo de atirar pedras nas luzes de outrem, mas se não fazemos nada, é justo que elas acreditem que somos o inferno delas? A forma como se alimentam do pavor de outros pode ser objeto de instrução e entretenimento para mim, dado que, não sendo cúmplice, entro no rol dos desafetos. A bem da verdade, pessoas nocivas estão sempre em prontidão para prejudicar outrem, seja na realidade imaginária, seja nos fatos fictícios da realidade. Graças a essa percepção, veio o escrito: "Reconsiderando o que se pensa de inimigos e canalhas".

Em "Crônica em duas linhas", vê-se como a história da humanidade se torna horrorosa e bela mediante a boa compreensão das palavras. Afinal de contas, o que é posto é contraposto por meio delas, o oculto se "desoculta", e o exposto pode vir a ser o que não deve ser ciência de outrem, uns e muitos. A palavra é mais do que ferramenta, já que liga e desliga as duas realidades da ontologia. A palavra é coisa que divulga, pois torna o mistério inexplicável compreensivo a um, poucos e muitos! Reservando-se ao uso, no que diz respeito à existência humana, as palavras tornam o cotidiano imoral, mas permitem que o não santo e não cretino seja julgado mais por vocábulos do que por atos, afinal cada atividade executada pelas pessoas não são mais do que palavras. Por conta disso, a parte mais estranha do conjunto, separada entre si das demais, talvez seja o trecho mais significativo. Vale reler!

Anakin sempre teve um desconforto com o Alto Conselho jedi, por acreditar que ele atrapalhava a limitação do uso da força. Foi preciso achar em Palpatine um parceiro que lhe instruísse acerca desses segredos, mas a ironia da ficção, para o personagem, foi que, ao se tornar o mais poderoso jedi, passou a ser totalmente controlado por quem dizia ser seu libertador. À maneira dos déspotas, o que leva a pensar que "qualquer semelhança com a realidade real é mera coincidência" é que essa é a ironia da vida pública. Não se engane leitor, "a jornada do herói", de Campbell (2005), nem sempre traz a libertação. Por esse motivo que a literatura também é válida, ela é a vida real romantizada, uma reflexão irônica do cotidiano.

Em "Vinhos, garrafas e segredo", como um trio de coisas, realizei a frustrada pesquisa da alma feminina. É verdade que não cheguei a lugar algum devido à complexidade do tema, mas fiquei convencido de que a perspectiva masculina deve permanecer distante e em silêncio em assuntos que são, por sua grandeza, impróprios para homens. Mas há uma beleza irônica ao final do empreendimento filosófico: a mulher será a última fronteira do conhecimento humano, e as consequências das descobertas serão o fim da antropologia – pelo menos do "ánthropos". Quanto a mim, entendi perfeitamente os limites da "muliērislogia", o que me levará a evitar enganos ontológicos com interrogações indevidas acerca no futuro.

A "invenção de um homem, de uma vida e de um segredo" foi outro risco imerecido, embora o erro tenha sido causado na parte metodológica. Havia lido *O visível e o invisível*, de Merleau-Ponty (1971), e me convencido de que não havia distinção entre sujeito e objeto na reflexão filosófica. A técnica me dava uma segurança inédita, mas somente depois percebi que há uma fronteira intransponível entre sujeito e objeto e a necessidade do bom uso das palavras, sob pena de não acessar o objeto tampouco o sujeito. No visível tem tanta coisa, imagine no invisível, que não passa pelos sentidos. Ao final, restou claro que eu indaguei indevidamente a questão e, consequentemente, fui o responsável pelos erros. Merleau-Ponty (1971) sabe investigar sem a clássica definição entre sujeito e objeto; eu, que vivo sob a influência daqueles mencionados filósofos, só percebo o mundo que tenho à mão. De fato, esqueci minhas bases e tomei a convicção momentânea de que as coisas podem ser desvendadas à moda de Merleau-Ponty, sem antepor oposição entre elas, que engano meu. Essa reflexão me levou à *Vida de don Quijote y Sancho*, Miguel de Unamuno (1989). Ao final, mesmo consciente das técnicas, temos uma disposição ao quixotismo, o que reforça a ideia de que o "quase ensaio" está apropriado.

O que garante o cumprimento das atribuições trabalhistas é a dedicação da pessoa ao serviço que realiza; e pouco importa se a designação do operário seja "servidor" ou "funcionário". Para o latim, o vocábulo servidor vem da palavra *servitôre*, que designa aquele que serve, que presta favores, que trata com agrado. Já funcionário tem origem francesa, *fonctionnaire*, e designa justamente aquele que exerce cargo e/ou função remunerada em estabelecimento público ou privado. Todas as boas críticas ao patrimonialismo brasileiro já foram feitas por Sérgio Buarque de Holanda (1995). Foi assim que, sob tal influência, vieram ao mundo literário os dois quase ensaios: "Na repartição pública" e "O lustre de lustro". Dizem que havia um atleta de futebol que soltava pétalas preciosas depois das partidas. Certa feita, ao marcar um gol quase impossível, respondeu ao repórter esportivo sua estratégia: "eu fiz que fui, não fui, acabei fondo". Mestre Yoda jamais diria algo assim, mesmo sabendo que os jedis são capazes de movimentos semelhantes aos ginastas olímpicos. O *"homo servitôre"* não remete ao jedi tampouco deve imitar o atleta de maneira inversa: "faz que faz e não faz". Essa visão do serviço público precisa ser combatida, posto que, para a demanda ser prestada, "fingir que faz e não faz" não são as mesmas coisas.

"Da fragilidade humana" evidencia o modelo da vida contemporânea, no qual o sentido é fixado de modo externo, como se não fosse necessário mediatizar o contexto com as escolhas pessoais. A ideia de não se responsabilizar pelas próprias escolhas leva ao distanciamento político e, consequentemente, a não querer enxergar um palmo diante de si. Marx (e Engels) acusavam os filósofos de só quererem interpretar o mundo quando era preciso, segundo eles, transformá-lo. Como o proletário tinham boas razões para dar nova forma à sociedade, o discurso era muito sedutor. Do mesmo modo, Palpatine ganhou a alma de Anakin. A queda da república trouxe uma nova ordem, mas Darth Vader continuava sendo o "longa manus" do imperador, e o mesmo poderia ocorrer aos operários. Afinal de contas, os intelectuais que os representam os julgam desqualificados para pensar a sociedade perfeita. Eis a questão que salta aos lábios, uma vez implantada a ditadura operária, os trabalhadores podem continuar sendo críticos do novo poder? Parece que a armadura de Darth Vader provocava a miopia de Anakin, posto que era "longa manus" lá e aqui. E foi desse modo que passei a desconfiar de intelectuais que se valorizam demasiadamente, o que leva à inflação (inflamação) do ego e à sua perniciosa obstinação em ser a voz da eficiência, que vista de perto, não deixa de ser mera vaidade. As concepções do que é felicidade, na história da filosofia, estimularam-me a uma viagem introspectiva, para buscar como percebo a felicidade. À vista disso veio o escrito: "Revendo o que é felicidade".

Freud (1978), no *Mal-estar na civilização*, disse claramente que, em uma sociedade sem leis capazes de reprimir as pulsões (ou transformar em aspirações elevadas), não haveria uma civilização. No interior das relações sociais, está a produção da frustração e de muitos sentimentos que impedem um diálogo verdadeiro, passo fundamental para construção social que permita a coexistência. Para vencer a intolerância, é indispensável deixar de lado os preconceitos e a intransigência, abrir mão de ser o detentor da verdade única e válida para todos. Só o diálogo pode levar duas pessoas para o interior de si, ali onde o espírito escuta e fala, troca ideias. Martin Buber (2001), em *Eu e tu*, trouxe a questão de que o verdadeiro e aberto diálogo se converte em comunicação. Duas pessoas de caráter duvidosos são danosas para si e para os outros, seus distúrbios não desejam superar o problema da alteridade. Foi justamente o que tentei mostrar em "O isolamento acadêmico, prótons, elétrons e neutros", bem como em "Assembleias, moções e solipsismo político e árdego, com determinação psicológica recalcitrante" e, finalmente, em "Diálogo acerca da Injustiça". As peculiaridades destes escritos podem deslindar o que está embrulhado nos "quase ensaios". No diálogo franco entre pessoas, ocorre um fenômeno atípico e pouco compreendido para quem alimenta o próprio ego: comunicação.

A relação fictícia entre realismo e fantasia causa mera coincidência e possibilita uma diversidade de encadeamentos que podem convergir opiniões discordantes, salvo para quem vive na estreita e perturbadora pulsão para morte. Darth Vader não significa mais vida, nem sequer perturbação da força. Montaigne (2010), em seus *Ensaios*, teria percebido que, mesmo condenado à morte, o sentido da vida não seria morrer, pelo contrário, mas saber inventar um tipo de existência saudável que aglutinasse nossas forças para viver bem, ou saber viver. Todavia poucos se esforçam em imaginar o que seria uma boa existência, e foi assim que "gestei e trouxe" ao mundo o "Pequeno tratado canino". Para se alcançar a felicidade, talvez, seja necessário abandonar a crença da posição intelectualizada, distanciando das convenções formadas pelas instituições. Epicuro criou jardins nos quais as pessoas cultivavam certas reflexões para vencer os medos cotidianos, mas o alicerce dos jardins estava no cultivo da amizade. Confesso que considero esse o melhor escrito, chego a pensar que ele "quase" serve para reflexões epistemológicas. Na mesma perspectiva segue *"Walter Closet"*.

Ao escrever *Perspectivas quase filosóficas*, perdi a precisão do que era sonho, devaneio, idealização e inventividade. Estava influenciado pelas perturbações neuróticas imaginárias, o que provocou desvios da consciência e mistura de literatura, filosofia e realismo mágico. Confesso não seguir à risca as tradições das respectivas áreas mencionadas, afinal de contas, era para ser a *perspectiva quase filosófica*. Ademais, a leitura das *Etapas en el camino de la vida*, de Kierkegaard (1951), levou-me à ilusão de compreender o mundo por uma perspectiva intelectualista, que rejeito peremptoriamente. Graças a essa atitude, nasceram: "Era uma braguilha", "O vermelho e o negro: versão tropical" e "Passarinho: a verdade como criação". Como ode ao entretenimento, entrego o último escrito: "Aromática existência". A verdade e a fantasia estão muito próximas aqui, o que, aliás, serve para entender o fio de Ariadne.

Chegamos ao final. Espero que desvelem o que segue em cada escrito, feito com a clara intenção de instigar à leitura do próximo texto, sempre revelador de algo mais. E advirto: não são meras coincidências entre o real e a fantasia, mas um modo particular de contar experiências com o uso do teatro de palavras, representando e fazendo uso da ficção para denunciar a vida real em forma de entretenimento, em forma de *Perspectivas quase filosóficas*. Como sei que o fanatismo e a intolerância não têm dimensões nem sequer pudor, como no *Tratado sobre a tolerância*, de Voltaire (1993), continuarei com palavras contra os perniciosos que insistem em substanciar a ficção em realidade, porque não devemos fazer menos. Por fim, peço que me perdoem pela percepção distorcida dos fatos imaginados, embora a fantasia insista em resistir ao cotidiano, como uma saga, na qual cada ser humano é obrigado a se expor à canalhice do mundo. Seja por coincidência, ficção ou por mera verossimilhança, sinto que Anakin está se tornando um Darth Vader. A estreita força amical me sustenta no fio da navalha (MAUGHAM, 2003), mas, ainda assim, encontro-me sobre o objeto cortante, indeciso se sigo o caminho que me leva a Skywalker, a Vader, ou reinvento-me, como Larry Darrell, protagonista daquela obra que, confesso, desde a primeira leitura, foi o meu "fio de Ariadne" existencial. Resumindo: *Perspectivas quase filosóficas* são mais do que meras coincidências da realidade inventiva deste ser inconcluso que busca o caminho do bem viver entre seus semelhantes.

A VOZ DA MINHA VIZINHA: SÓ LHE PEÇO...

"E há não muito, sem interrupção, dei duas na loura Clide, três na branca Pito e três em Libas. Recordo mais que, em curta noite, Corina exigiu-me nove vezes e pude servi-la a contento" (OVÍDIO, 1997, p. 35). Enquanto leio tais palavras, vem à tona a lembrança de minha amada. Com sua imagem na mente, minha imaginação leva minha alma para longe de onde estou e meu corpo, abandonado em uma porção de blocos e cimento que servem apenas para uma habitação momentânea de um exilado que precisa ganhar o pão, é alimentado com os nutrientes imprescindíveis para o gozo da vida, graças à influência da deusa Afrodite. Nesse devaneio tempo-espacial, em que o real do delírio é mais concreto do que a ilusão da vida cotidiana, não tenho, em minhas mãos, como compartilho do seu tecido muscular que me envolve carinhosamente e me faz perceber que a vida ainda pode ter sentido além das obrigações sociais. De repente, ouço a voz da vizinha e começo a me lembrar de sua existência e dos calafrios causados em meu corpo. Sua voz me traz para perto daquilo que é mais primitivo na espécie humana: o desejo de subjugar o outro. Devo confessar, porém, que, após conhecê-la, ando pensando nela e, cada vez mais, com ideias menos angelicais. Não é demais dizer que, a um sujeito distante da amada, o livro de Jó funciona como um consolo, entretanto as invasões sonoras dela estão dificultando o meu alhear-se da realidade. É verdade que viver em sociedade exige sublimações com a libido e muito mais com o desejo de provocar dor a outrem. Decido, por fim, entregar-me às tarefas que o trabalho exige.

Ela grita, perco o equilíbrio! É provável que, sem seus agudos e elevados sons, eu nem sequer percebesse a sua existência, visto que ocupávamos andares distintos do meu prédio e, portanto, estaria salvo de sua imagem em minha retina. Todavia há uma força superior à minha vontade, ainda que não creia Nela, pois nada explica o que o destino reservou para mim, fazendo com que estivesse tão próximo daqueles emitidos sonoros desconcertantes. Ela grita novamente, e eu percebo que não sou um homem propenso aos ditames da religião, de qualquer uma, ainda que, paradoxalmente, acredite em forças superiores. Volto ao trabalho, já que não consigo mais pensar na minha amada. Maquiavel (2017) escreve que o príncipe vence com o uso da força e da astúcia. Grito! Paro. Começo a observá-la por trás do *Ficus Golden King*; aliás, bela planta: beleza e peso em um ser vivo que agrada pelas formas e cheiro. Ela grita outra vez. Agora vejo e escuto seus sinais sonoros e imagino seu perfil e seu dia a dia infeliz: dona de casa, pouco amada, explorada pelo marido, pelos filhos, netos e pelo maldito cachorro. Diariamente lavando os pratos, as roupas, os banheiros, os cantos da casa, a melequinha deixada no cantinho da mesa pela linda netinha ou, então, debaixo da cadeira em frente à televisão e, finalmente, o cocozinho do "au-au". Começa religiosamente a estender cada peça de fazenda no varal e fala silenciosamente algo para o tecido: promessas de lavá-lo com novo tipo de sabão em pó ou um amaciante mais potente. Penso nela dessa forma e ainda imagino os segredos de sua confissão aos domingos, já que, nesse pequeno intervalo, fico privado de sua voz. Ainda assim, em meu peito, rosna uma vontade de subjugá-la, sem que depois dos atos eu venha a sofrer consequências pelas minhas ações – frontalmente contrárias à lei. É sabido que debilidades mentais são isentas do peso da norma, bem como que a verdade dos autos processuais não é monolítica ao sentido mais ausente em uma pessoa que é cega. Há uma conformação tênue entre desejo/crime/pena e desejo/crime/inimputabilidade.

O marido levanta-se, toma café, coloca-se dentro da roupa diária do trabalho e abandona a sorte entre os tijolos ocos do prédio, porquanto o proprietário resolveu economizar na obra. Chegou o momento! Reflito sozinho em meu apartamento. Minhas ideações se misturam, uma vez que acredito que a morte possa libertá-la, fazê-la abandonar seus hábitos, sua prática diária; podendo, assim, olhar a luz que ilumina o céu e alimenta a vontade da carne para, finalmente tornar-se outra mulher! Entretanto penso nos ensinamentos de papai, já que, estudando as palavras do Senhor, tentou educar seus filhos nas leis de Deus. Volto ao quarto e recomeço minha leitura: "enfraqueceu-me o corpo, enfeitiçando-o, algum tessálico veneno?". Novamente sua voz invade minha janela, e volto a pensar na criatura que perturba minha paz. Estou resolvido: hoje eu desço e conto a ela os meus desejos! Covardemente, recuou a ideia; não imagino sua reação. Vou dormir.

Amanheço um pouco sonolento, visto que a noite foi longa, e algumas taças eliminam até mesmo a virilidade de um jovem; também porque o vinho que estava presente na noite anterior me fez algumas promessas e eu a ele. Mas, agora, onde foi parar? O Senhor Vinho gosta de realizar mágicas e brincadeiras de mau gosto, principia um diálogo comigo, envolve-me com anseios e malícias esquecidas de um estudante interiorizado em Sampa, no entanto, quando o outro dia estreia: some.

Sexta-feira e nada programado; nenhum professor lembrou que estudante não tem direito ao final de semana livre. Começo a vasculhar tarefas esquecidas: mandar roupas à lavanderia; avisar dona Helena que a faxina não pode ser efetuada amanhã, pois, quando o vinho foi embora, travessamente, levou meu dinheiro; entretanto encontrá-lo-ei. Nada, absolutamente nada, para estudar. Ah! Vou ouvir Belchior de novo. Alguns amigos ao telefone me convidam para tomar um copo de vinho. Então, nesse instante, como um detetive de seriado dominical que sofreu um duro golpe do bandido perverso, descubro onde o sumo da noite anterior foi parar e, principalmente, dormir. Traidor! Penso, magoado. Afinal, Patrícia me disse que gostava mais de uma cerveja que de um vinho, e ele justamente vai... Interrupção de pensamento: ouço a voz da vizinha. Conversa agora com seu cachorro. Fico chateado duas vezes: atrapalhou meu plano de fim de semana e por que, pergunto, ela resolve falar com o cachorro? Aborrecido, mas dessa vez resolvido a ler, abro o livro e escuto o autor: "ou uma bruxa da Fenícia atravessou meu nome na cera com agulha, atingindo-me o fígado?". Escuto minha vizinha! Sua voz interrompe o acompanhamento da leitura. Os sons emitidos pelo seu corpo, uma vez que sua garganta exprime somente o desejo dele, provocam-me, desconcertam-me, desorientam-me! Que mulher! Penso.

Sua máquina inicia o serviço de rotação, Belchior repete a música regravada, o calor aumenta, a cerveja fica quente, o telefone não toca: fico desesperado! Milagrosamente, a imagem de minha amada distante se apresenta em memória e anseio à chegada de minha flor! E causa-me alegria lembrar que, mesmo longe do contato físico, trago-a perto de minha imaginação, e a sua presença é, para além do que sinto e escrevo, um indício de que há, ainda, um resquício de sensibilidade ética na desrazão que minha alma tem saboreado ultimamente. Sou uma espécie de centauro neste cômodo, no qual quero unir razão e emoção para ler Maquiavel (1998, 2017) e Ovídio (1997). Entre um grito e uma leitura, ligo o rádio: a voz de Belchior enceta uma melodia nova e, como as velhas, agradável; a geladeira conspira com o momento e deixa uma lata gelada no ponto; o velho ventilador – que nunca trabalha adequadamente, pois tem um mau circuito e, como não frequentei as aulas do Senai, já que sempre acreditei que papai fosse me sustentar, não sei consertá-lo – funciona: sinto-me um homem. O cigarro não tem mais gosto e charme, porque nada resiste à mídia coeva, e falta alguém no quarto, talvez a flor. Bebericando e aproveitando o último pacote de "miojo", olho a noite se aproximar. Ecos de sua voz entram no apartamento, desarranjam-me e esqueço os caminhos dos polens, seu aroma e sua importância para a vida! Penso em Ambrose Bierce (1999b), em Platão (2013), Maquiavel (2017), e nada resolve o meu problema. Maquiavel (1995) recorda-me o duque Valentino. Não! Papai não gostaria!

    Durmo. Acordo. Leio o jornal, vejo Ortega y Gasset (1967,1971) e lembro-me do juiz no interior da Bahia que, durante seu pronunciamento em prol da instalação da universidade em sua cidade, cita: "lembro dos filósofos Ortega e Gasset neste momento". Grito: "– são primos!". Minha ex-esposa me belisca porque me insurgi com o meu agudo chiado contra o douto doutor que ousou decidir pela desunião de palavras que designavam uma só pessoa. Aliás, nunca entendi por que alguns amigos chamam suas ex-esposas de ex-mulheres. Com o fim do matrimônio, perdem sua condição de mulher? Plantado no quarto, imagino o que fazer: limpar a casa ou estudar? Vou ler e, finalmente, terminar o livro que ganhei: *Ferida por feitiços*. Ela grita, e não consigo me concentrar; corro à janela; encontra-se sozinha, é minha chance: tem que ser agora. Adio novamente minha empresa. Sou um covarde pós-moderno – mesmo sem saber que diabo é pós-moderno; mas, desde que tudo e todos são pós, por que eu também não vou ser?!

Vida difícil: estudar, limpar a casa, pensar na vizinha. Estou desempregado, mas tenho parentes importantes, isto é, quando alguém o alimenta, você precisa, necessariamente, reconhecer seu valor, pois não existe nada pior do que um alimentado mal-agradecido.

Sons na janela! Certamente da vizinha! São 23h01, e minha querida divisora de condomínio continua a soltar sua voz, provocando perturbações em minha estrutura esquizofrênica. Resolvo me prontificar, já que a Força Aérea me manteve pronto para ações durante anos, mesmo que não estivesse mais em seu quadro. Preciso tomar uma atitude, não posso mais com a timidez. Lembro-me da arma e entendo que fiquei muito tempo preparando-me para receber ordens, de tal forma que o pensamento próprio não se apresenta. Ah! Quanta saudade do cabo Astrogildo que trazia as tarefas do sargento, que ouvira do tenente, que ouvira do capitão, que ouvira da mulher que seu caso não interferiria na sua ascensão militar.

Vou ao banheiro, pois já faz algum tempo; encho meu copo de cevada e escuto Dolores Duran cantando, maravilhosamente, "mais alto o coqueiro maior é o tombo do coco". Miro, miro novamente, lembro-me de Dolores, levanto os braços um pouco mais e jogo meu Ficus Golden King de um metro na cabeça da vizinha. Acertei na massa, aparentemente, quase cefálica. Corro ao quarto, ajoelho, rezo e peço: — Senhor, faz com que essa mulher morra, não aguento mais seus gritos histéricos!

Chegam os parentes e descobrem de imediato que se trata da minha planta. Fico apavorado, porque não compreendia como minhas más ações seriam recebidas. Ademais, sabia que, meditando há tempos sobre o ato, não poderia alegar insanidade temporária; tampouco dizer que uma paixão desenfreada seria uma desculpa. Um ato praticado contra a lei exige punição, principalmente um que teve origem em uma longa reflexão. O medo se apossa de mim, mas ainda alimento a presunção da impunidade e posso afirmar que não pensei nas consequências criminais, já que meus lábios não compartilharam absolutamente nada das minhas intenções, salvo com o centauro que me habita; e esse, como era mais grego do que cristão, pouco se importava com as Escrituras do Evangelho; o marido e os filhos, porém, se antecipam para o delegado: "Foi um acidente, doutor!" Tudo arquivado, volto a ler: "At nuper bis flaua

Childe, ter candida Pitho, ter Libas officio continuata meo est; Exigere a nobis angusta nocte Corinnam, me memini numeros sustinuisse nouem...". Afinal, poder ler o poeta Ovídio (1997, p. 34) no original é simplesmente inefável.

RECONSIDERANDO O QUE SE PENSA DE INIMIGOS E CANALHAS

> **Ambição**: desejo incontrolável de ser vilipendiado pelos inimigos durante a vida e ridicularizado pelos amigos após a morte.
>
> **Sucesso**: único pecado que nossos amigos não perdoam (Ambrose Bierce – O *Dicionário do Diabo*).

A significação das palavras não obedece apenas a um critério técnico, vai muito além da sua análise como linguagem. As palavras iluminam, ou não, o sentido da vida, pois, se mal-usadas, não conseguem transmitir a intuição sensível pela qual outras foram reunidas para compor uma comunicação. Relendo os verbetes de Ambrose Bierce (1999a), tem-se a sensação de que as palavras (em suas acepções) expressam o recalque daquilo que não é dito no dia a dia, mas pensado no interior do músculo cardíaco. Por conta disto, relendo os dois verbetes, não se espante se, lendo outros de Bierce, experimentar um gosto amargo nas bordas mucosas que protegem a boca e, igualmente, tocado em todas as formas de percepção, manifeste a vontade de perscrutar o patrimônio das ciências sociais para rever suas crenças. Afinal de contas, aquele que foi seduzido pelo gosto da metafísica tradicional corre o risco de, lendo Bierce, tecer blindagens às ilusões erigidas pela pobre razão ocidental.

Encontrando Platão (1996), Aristóteles (1985), Maquiavel (2017), Hume (2004) e Júlio César, indagá-los-ia: o que é melhor, conviver e disputar com o melhor inimigo possível ou viver cercado por conspiradores de sua liberdade e paz? Conviver no enfrentamento ou na servilidade, na falta de inimigos? Aguardar a fortuna ou se perder na cotidianidade desse inferno patrocinado pelos invejosos? Estas questões, talvez, não necessitem de filósofos ou imperadores para nos respostar, mas aquele exame em nosso local de trabalho pode clarividenciar um ponto que atravessa a história da humanidade. Portanto, depois de voltar o olhar pela repartição, o acaso nos promoverá o "bom" inimigo para a luta, a prudência como método para conviver e a temperança, a virtude necessária para o cotidiano!

Cadê Brutus? Conheço algumas pessoas que têm como maior satisfação em suas vidas atrapalhar ou transformar o ambiente de labor em um inferno para os colegas. Acredito que o IBGE poderia fazer constar essa pauta no formulário do censo: quantos amigos de trabalho conspiram para prejudicar seu dia a dia na repartição? Quantos não se submetem a qualquer lei de boa convivência social? Quantos têm uma sensibilidade social debilitada? Quantos se julgam mais inteligentes que todos os demais? Quantos não fazem outra coisa que pensar em formas e maneiras de prejudicar outrem? Certamente, os números demonstrariam quantias elevadas de funcionários insatisfeitos não com o labor, a remuneração ou as condições inapropriadas para desenvolverem suas tarefas, mas com aquele indivíduo indesejável. O governo teria que gerar programas de reabilitação aos compulsivos canalhas da repartição e, consequentemente, medidas preventivas, ou, mesmo, criar o adicional de 60% por exposição à canalhice.

Descobri que precisamos, às vezes, de um inimigo! Na impossibilidade de conquistá-lo, pois é uma honra considerar alguém seu oponente, já que implica algum valor, uma vez que você o qualifica tão bem, ou melhor preparado que a si, serve um canalha! Parece ser estranho desejar um adversário; porém, longe da casa dos pais se conhecem situações e amigos de fato, assim como, paradoxalmente, saudades dos "pseudo" amigos. Desvela-se, agora, que muitos acolhedores do passado são impessoais, ou, em linguagem elegante, não são tão amigáveis como se apresentaram outrora. Acreditava que a distância geográfica provocava essa sensação, mas comecei a imaginar os sentimentos de afeição, a estima de algumas conversas docemente acompanhadas de um leve aroma de vinho, da atração amical que nos aproximava dos entes queridos, do tom amistoso de suas conversas dissociadas ou ligeiramente distorcidas da realidade. Afinal, quem ampara não precisa apresentar diálogo feito tragédia, com início, meio e fim. Havia escolhido muitos protetores, entretanto hoje desconfio de que tenho poucos simpáticos, porém sinceros; já outras amizades ficaram nebulosas, como também alguns me consideram nebuloso; trata-se da dialética dos interesses.

Alguns laços de amizade prejudicam, mas o fazem sem consciência ou vontade própria; esses, eu compreendo! Precisamos de todos os tipos na acolhedora casa fraternal. Outros prejudicam com suas confidências; outros, ainda, com empréstimos; e outros por fornecer nossa vida para intrigas e comentários indevidos. Por outro lado, depois de volumes de filosofia, atravessei a rua da tolerância, embora confesse que às vezes esqueço esta dura passagem. Gosto de ser complacente diante de grandes e pequenas coisas: dos comentários perversos sobre os confrades, das aventuras sexuais das amigas tímidas e dos amistosos casanovas; das peripécias que cada ser humano realiza no anonimato dos seus quartos desertos; da brutalidade "encantada" dos valentões com a marca de sangue escorrendo entre os dedos; nas pérolas retóricas apreciadas pelo séquito de néscios que se melificam em falta da pouca leitura ou, mesmo, acompanham a cadência das primeiras palmas e, por fim, em algumas sandices da insuperável criatividade humana.

No entanto, ando intolerante pela falta de inimigos! O destino nos priva, aos poucos, de inimigos. Para alguém que deseja ser conhecido nas províncias nativas é preciso encontrar alguma pessoa adversa aos seus planos, alguém que possa prejudicar suas metas ou que, pelo menos, possa suscitar um sentimento de perseguição, mesmo que não seja real. O fato mais importante dessa queixa: a ausência de matéria para colocar em prática alguns sonhos!

Conheço um ex-assistente de recepção que, de tanto atrapalharem a vida da criatura, pois, segundo alguns confrades, não serviria nem para carregar as malas dos hóspedes, cansado da perseguição do gerente, motivada pelos companheiros, resolveu pedir demissão e partiu sem destino do distrito do Jorro, na Bahia, para o mundo. Lembro-me que, na oportunidade, pediu dinheiro aos pertencentes ao grupo que, sem adição de qualquer nota fiscal, emprestaram-lhe a ínfima quantia, com exceção de Marcelo. Este deu menos ainda e exigiu garantias. Surpreso fiquei, algum tempo depois, em Salvador, quando Marcelo, sempre o "pão duro" da turma, obrigou-se a bancar toda a conta da cerveja e, ao mesmo tempo, levar-nos para casa em seu novo carro. Mais tarde, Beto, que formou a trindade etílica deste encontro, e é também o sociólogo das intrigas fraternais, confessou que nosso atrapalhado amigo tem um restaurante de sucesso em Baltimore e que pagou com juros todo o dinheiro emprestado por Marcelo.

Conheço um professor, muito íntegro e inteligente, que sempre pensou na possibilidade de realizar uma pós-graduação; não que precisasse ou coisa parecida, porquanto estudava religiosamente em casa e na vida, mas porque as novas medidas educacionais exigiam uma qualificação aparentemente comprovada. A ideia simples de voltar à sala de aula como aluno o seduzia mais a cada dia; confidenciava sua vontade de partir, de desarrumar seus livros em volta de sua cama e só se preocupar com as discussões da próxima visita do docente. Entretanto, seus desejos, continuamente, ficavam para outra oportunidade, um momento mais feliz; coisa de pai e amigo que sempre fica disposto a sacrificar seus sonhos pelo sucesso dos entes queridos. Devo dizer aos leitores aqui que, embora conhecesse o anseio daquele que me é caro e mesmo, em diversas ocasiões, estimulando sua decisão, meu amigo sempre a postergava. Um dia molhado de sertão, coisa rara, e um simples comentário malicioso de outro colega, coisa comum, duvidando dos seus verdadeiros propósitos educacionais, foram o suficiente para que eu encontrasse meu amigo na rodoviária se despedindo para realizar seu curso. Bastou um inimigo!

Mal esquecia as compras, outro dia, no supermercado, quando outro colega interrompeu uma futura e promissora investigação econômica a respeito dos índices de reajuste sobre os produtos mais interessantes da península de Setúbal para me informar que seus camaradas o obrigaram a cuidar dos assuntos e livros da Igreja. Frustrado pela decisão e sem ter a quem recorrer, já que estava preocupado somente com o corpo e suas transformações para a praia do próximo verão, decidiu pegar sua vassoura e cuidar dos assuntos medievais. De espanador nas mãos, retirando a poeira, teve uma ideia: escrever as opiniões dos santos sobre o corpo. Conclusão: ganhou uma bolsa e viajou por conta da União ao exterior para conversar e encontrar com outros corpos.

Na última primavera, recebi uma carta dos Estados Unidos: tratava-se de um velho amigo que trabalha numa consultoria de investimentos. Em um dia acabou com a amizade do diretor executivo e o amor da secretaria deste, porque foi flagrado no escuro do cinema acompanhado da vítima do assédio sexual do chefe. Não podendo demiti-lo por tal atitude, o diretor resolveu encaminhá-lo, como punição, à matriz, em Ohio. Meu querido confrade, contudo, como não sabia inglês, teria que ser demitido. Perante o dilema, resolveu estudar todas as noites e partiu incerto para a terra do Tio Sam. Hoje, mora em uma bela casa própria, tem carros, filhos e férias remuneradas pelo efeito da globalização. O antigo ex-diretor executivo, em contrapartida, ninguém sabe onde se encontra.

O futuro é uma ficção que interfere nas ilusões das pessoas, pois o temor, estando na gênese da constituição humana, imagina uma série de coisas invisíveis que desgraçam os sonhos. Somente profetas e economistas tentam decifrá-lo e, igualmente, lidar com o que há de vir. O presente, por um lado, é tudo o que existe neste momento. O passado, por outro, com as experiências pretéritas, pode trazer a prudência que liga o instante do agora às expectativas de dias melhores para o amanhã. Sem um inimigo (ou canalha), o tempo não se divide em pedaços, é sempre a mesma vidinha. Um desafeto sequestra sonhos, frustra planos. Como sou um leitor, gosto de investigar como meus antecessores se envolveram com os problemas com os quais eu convivo, como lidaram com seus inimigos. O romano Júlio César eliminou muitos; ele foi uma exceção, já que tinha a força e a astúcia para eliminar seus malquistos. Todavia, não percebeu que a maior ameaça à sua existência imperial estava em seu próprio palácio, sob sua proteção paterna. Em termos mais gerais, todos os grandes momentos da história conservam uma luta de bastidores, entre afetos e desafetos, sendo vitorioso quem melhor ludibriou outrem como inimigo. E como uma única vida não nos dá tempo suficiente para vivenciar tudo o que o mundo oferece, decidi há um bocado que os livros eram uma fonte indiscutível de sabedoria para lidar com canalhas, na ausência de inimigos. Entretanto, a sobrevivência do cotidiano me exige medidas pragmáticas para saldar todos os meus contratos de adesão com fornecedores de energia, telefonia, sinal de *wi-fi*, água e esgoto; sem desconsiderar que, sendo um devoto da era da doutrina do consumo supérfluo, todos os meses chegam novas e renovadas faturas de compras à prestação. Por conta deste sistema econômico, e da minha irresolução em me afastar de bens e produtos, os ácaros resolveram ultimamente se encontrar para bailes em meus livros, visto que não mais os visito, não mais me embalam em viagens, não me permitem debruçar-me sobre o amanhã. Sou um louco pelas paisagens contemporâneas e, dessa forma, preciso de sagas, desventura, ruína de ideias, conspiração sobre e sob meus projetos. Afinal, cresci na Bahia, estado no qual algumas pessoas "são capazes de gastar 50 mil contos para ver o vizinho perder 20". Sem lutas e sem Bismarck não consigo pensar; preciso viajar nas letras dos meus livros, mas meu passaporte venceu há algum tempo e não ando permitindo sua renovação. Estou precisando de um inimigo que me retire do mal do consumo para o bem da consumação. E os livros servem a um propósito: enriquecer seus leitores com conhecimentos de outros a fim de que os lendo também se locupletem. Os que não sentem o valor dos livros estão entregues àquilo que outros lhes disserem, pois a falta de destreza para a leitura torna-se um óbice para moldar sua autoproteção à sagacidade de outros e à vida embrutecida pelo consumo. Por favor, mostre-me onde está o livro *Ter ou Ser?*, de Erich Fromm (1977) ou, então, traga-me um inimigo que me prejudique. Sem um ou outro, sou um dano para mim. Traga-me literatura para acalentar meus humores com alguma pequena traição, ainda que seja ficcional... há pouco recordei do personagem principal de *As aventuras de Gulliver*, de Swift (2010), que, mesmo salvando o reino de Lilliput de ser conquistado pelo monarca de Blefuscu, foi condenado à morte. No entanto, graças à bondade deste monarca, pelo menos ao seu sentir, um grande humanista, a pena foi mitigada pela queima das retinas de Gulliver (SWIFT, 2010). Resta evidente que esta permuta do infortúnio não agradou aos inimigos mortais do desmedido homem em semelhanças aos lilluputianos.

Procuro, portanto, informações sobre sociedades que se constituem de inimigos. Parece um pouco estranho tal busca, porém ando desesperado por uma traição, por uma mentira ou mesmo uma pequena calúnia. Ultimamente meus sonhos se desvincularam dos livros e afastaram minhas pretensões de misturá-los em alguma magia psicótica; ademais, diante da falta de incentivo, um inimigo me daria ciência de que os homens estão em guerra entre si.

Gosto dos meus amigos. São muito caros e fiéis aos sentimentos de estima, são acolhedores e estão prontos para socorrer em qualquer emergência. Ao simples chamamento estarão com seus zainos a minha porta; contudo, com toda ajuda e dinheiro que possam oferecer, não conseguirão arrancar minha angústia. Preciso de alguém hostil, pois se funcionou com o carregador de malas, o professor, o operador de informática e o sociólogo da vida alheia, cadê Brutus? Mas que venha sem punhal!

CRÔNICA EM DUAS LINHAS

— "Hei, petista, vá morar na Venezuela, vá pra Cuba!"
— Por que, se você não foi morar nos Estados Unidos quando a Esquerda estava no governo?
Conselho ao leitor: que ele não entregue o coração a nomes como Judas, Brutus, Iago e Joaquim Silvério dos Reis, porque aquele que imagina que só há um caminho não compreendeu que a "palavra" que salva é a mesma que a engana, como em duas linhas!

VINHOS, GARRAFAS, SEGREDOS

> *Uma característica fundamental do realismo mágico, como género literário, é a sua capacidade de que os eventos relatados tenham uma relação muito estreita com a realidade, mas, por incrível que seja a semelhança, é improvável que tal liame se estabeleça. Como o tempo é distorcido, neste universo cíclico, as percepções sensoriais que são irreais se misturam com uma força mística ao real* (Olin Sier, *My life*, 1968, p. 46).

Era uma noite de alto-cúmulo protocolar, mas não por vontade própria, pois ainda não tinha conhecimento das coisas que se localizam sob a lua, e sim porque as nuvens obedeciam à classificação científica. Interesso-me somente por mulheres e vinhos. Ultimamente, no entanto, tenho pensando na alma feminina. Contudo mesmo os gregos não chegaram de modo preciso a esse assunto, uma vez que eles entendiam como "psiché", isto é, como um duplo do corpo, como uma sombra; depois, como movimento e, finalmente, nas seitas posteriores, algo próximo ao conceito cristão. Porém não fazem nenhuma notificação à feminina.

Mais de uma vez, procurei encontrar tal entidade e, uma vez ou outra, tento pensar e expor com alguma clareza acerca desse tema. Tendo em mente o conselho do filósofo Ortega y Gasset (1971, p. 14), procuro demonstrar (como uma equação matemática) minhas imprecisões com essa "cortesia". A pergunta: o que é a alma feminina? ocorreu-me em diversas fases de minha existência. No entanto, para que o pensamento tenha uma alvenaria adequada, visto nossa incapacidade de perscrutar, cabe recorrer a algum filósofo, pois suas ideias podem nos orientar com alguns cuidados. Pouca importância teria nosso tentame se não me aproximo de seus conceitos, mas no momento é só uma ideia. Posto isso, algumas ideias de Althusser

(1999) visitavam-me, mas algo dificultava entender a filosofia como um instrumento de demarcação entre as ciências e as ideologias e sua relação com o objetivo proposto. Jean-Paul Sartre (1978) nos indagava sobre a existência da responsabilidade com o outro, porém pouco sucesso obteria com essa ajuda. Apelava a outro filósofo alemão que trata de questões próximas, mas só mirava a angústia. Encontrava-me realmente numa situação de altibaixos. As pálpebras teimavam em ficar pesadas, assim como os nervos cranianos se recusavam a descansar, porém, em algum lugar, imaginava uma pequena conspiração a favor, pois acreditava que alguns impulsos inibidores terminassem aquela longa noite, longa noite...

Por um lado, resolvi recusar todas as evidências dos livros, pois neles não aprendemos nada sobre as mulheres e suas almas femininas. Recusava, assim, todos os pressupostos para uma crítica embasada numa história e, desgraçadamente, ousava um resultado inesperado. Decidi caminhar pelas margens das coisas imprensas. De outro lado, procurei encontrar um meio capaz de conduzir o pensamento a superar seu próprio esquema de pensar, isto é, abandonando Althusser (1999), Sartre (1978) e qualquer outro pensador presente e, principalmente, uma recente influência vinícola que recebeu a designação: incondicional bloqueio alógico para o pensar. Quanta contradição: recebendo influências e, ao mesmo tempo, negando-as.

Busquei na poesia dos Mários, Quintana (2006) e de Sá-Carneiro (2015), a compreensão desse nôumeno kantiano de difícil acesso aos sentidos. Se por um deles se entende por alma aquilo que é guardado dentro de cada um que se indaga sobre si mesmo, na *Dispersão* do outro, Raul Vilar, protagonista do amor mais puro e doentio, encontrei um ser que existe, e insiste, em se esconder aos olhos. De um modo ou de outro, nem sequer a composição literária pode me orientar em conhecimento, não obstante, com seus recursos estilísticos, provocaram-me uma tormenta de sentimentos, ensinaram-me que, em caso de dúvidas sérias, não procure, na arte poética, o caminho da salvação.

Pensei em vidros e ferros, em caixas, caixa de vidro, caixa de alma, caixa multicor de alma que, exceto poucos, não precisam de impulso externo para renovar sua vida espiritual; pensei na arquitetura coeva que se indagava sobre o que é a Alma. Nessa bela obra, encontro o sentido do ser afetado, atormentado por suas experiências, que pede, implora por algo que garanta sua cristandade, prove sua existência metafísica, pondo sua alma em salmoura para conservação, consoante pensava Beirce. De todos os males que sofre o bom cristão, nada pode ser pior do que a ausência da percepção física de suas crenças, nada como o poder da vista para sossegar o espírito daquele que põe sua fé na eterna Providência. Quantas almas seriam salvas se se apresentassem aos órgãos da vista dos crentes descrentes. É fácil depositar fé no recebimento da dívida quando se empresta a um bom pagador, porém, como o Deus universal só é pessoal para aqueles que não exigem sua presença física, vive-se em um mundo cercado de suspiros e tempos tristes, no qual cada um, escolhendo os meios de prolongar sua existência perante o brinquedo do tempo, ardil fabricado pelo grande artífice para provocar dores, gasta seu tempo em adquirir coisas para suas almas.

 O calor insuportável me fazia companhia durante a noite e, para aumentar o sofrimento, não acatei as recomendações do Osvaldo. Lembrei-me dele, uma vez que tentou demonstrar o valor das lâmpadas fluorescentes no lugar das fornalhas incandescentes que instalei no meu quarto de meditação, onde curto o ostracismo inócuo. "O que mais faltava?" "Nada!" – pensei. Nesse instante, rompeu-me uma azia imensurável. Mas como? Afinal, não tinha me alimentado de nada naquela tarde. Estava acometido de indisposições, tanto físicas como psíquicas, contudo ainda não sabia dessas, mas estavam lá, ou melhor, aqui!

 Do ponto estrutural, a crônica ganha vida própria, pois a estória é expressa sem nenhuma submissão às normas da língua-padrão, e sua exposição realiza cortes de tal forma que não sabemos a fonte de sua nutrição. Para entender o que digo, é preciso... Basta!

 Escutava uma música e pensava em comprar uma boa "botella de vino" quando percebi seu movimento traiçoeiro com os olhos. Ela foi rápida e precisa, tal como um franco atirador. Suas pernas conduziam seu corpo de voluptuosidade pelo estabelecimento comercial; seminuas, pois eram duas, atravessaram a plantação de frutas carnudas, idêntica aos seus membros inferiores, e, a cada metro em direção ao quarto ou à cozinha, imaginava o final de suas pernas como o cortejo de membranas muito finas e "calientes" que antecipam a entrada dos órgãos externos femininos. Finalmente, parou no "baño". Entorpecido pelo aroma do vinho, vigiava por um viés e, com certa vilania, a parte do corpo que sufoca os pulmões e o coração. "Santo Padre que faço!" Coloquei-me à disposição do serviço sanitarista da cidade e não estou percebendo nenhuma quantia por este trabalho. Não! Não estou a laborar pela comunidade, e sim vigiando seus passos como um canalha bisbilhoteiro que investiga a vida alheia descaradamente. Minto às vezes para mim, mas com um cuidado cristão e social e, às vezes, pervertido. Com uma aparência quase respeitável, informou o preço da garrafa, assim como as qualidades do sumo e quais seriam os queijos mais adequados para o "desfrutamento" do líquido vermelho.

Uma vez em casa, e aceitando suas recomendações, coloquei o disco de Belchior e comecei a "escuchar" sua linda canção "La vida es sueno". Pensei se seria possível entender as mulheres. Duas amigas, outro dia, visitaram-me. Depois de muita conversa e vinho, uma pediu um analgésico. Enquanto enfatizava suas virtudes amistosas, começou a reduzir o compactado remédio a pedacinhos ainda menores. Foi uma experiência horripilante. Nesse instante, procurando dar seguimento ao empreendimento natimorto de conhecer a alma, ouvia o suplício do comprimido sendo mastigado como uma guloseima melificante, e o propósito se perdeu diante da chacina. Classifiquei-a como exótica pelo ato. A outra continuava embalando nossas conversas e, de maneira quase imperceptível, recriminava a conduta da colega, pois tais privacidades necessitam de sigilo e não poderiam ser executadas na presença de uma testemunha masculina. Procurei entender as entrelinhas da advertência, mas não conseguia captar o objetivo de sua fala. Tentei, então, explicá-las, enquanto pelejavam, que não me encaixava perfeitamente no perfil de um homem no sentido estrito da palavra, talvez homem pela condição universal do substantivo português e sem nenhuma referência à ontologia dos antigos filósofos medievos.

Quanta saudade das aulas de química, uma vez que a minha acidez aumentava a cada tritura dental de minha amiga. Quanta maldade feminina! Se não fora suficiente o desconforto provocado pelo ácido lático que avançava sem trégua nessa unidade de carbono, ainda tinha que suportar tal violência com a filha química industrial e as cenas veladas de uma briga secreta.

Talvez fosse uma punição pela ousada empreitada: descobrir a alma feminina. Talvez fosse uma atitude machista continuar com tal ousadia, ou mesmo tomado por um espírito superior estivesse contribuindo para instrução dos meus pares. Embora soubesse que toda tentativa masculina para compreensão do universo feminino não seja muito bem aceita pelos membros desse conjunto. Talvez alguma relevância para um pequeno seguimento, ou quiçá deleite das futuras filiadas do universo, mas creio que uma excessiva falta de confiabilidade e um demasiado pudor dificulte a leitura do texto. Qual é, então, o segredo que estimula a continuar? "Talvez seja melhor optar por uma anedota daquelas e dormir em paz. Porém não estava com humor suficiente. Talvez por medo de algum dia alguma mulher desvelar estas linhas agridoces. Talvez... Mas pretendia me aproximar de uma posição acertada ou mais próxima possível desta alma. Uma coisa é certa: neste parágrafo são demasiados "talvez".

Volto à loja, compro outra "botella de vino" e ouço sua explicação sobre a safra. Moça respeitável e professora da minha incompetência vinícola. Tenho um ótimo emprego, um bom salário e nenhum conhecimento sobre vinhos; conheço mulheres incríveis e desconheço completamente a alma feminina; sofro de uma terrível azia e nada entendo do processo fisiológico que se promove em meu organismo; escrevo sob o auxílio de uma lâmpada elétrica e careço de informações sobre essa maravilhosa transformação de energia em luz. No entanto, por contradição, nos livros e, principalmente, no senso comum e em bares, todos explicavam tudo. Por exemplo: meu jardineiro explicava tudo de futebol; meu fornecedor de cerveja revelava todos os planos dos governos com as novas medidas políticas; meu sobrinho de 12 anos modificava meu equipamento sonoro para que eu pudesse escutar melhor Belchior; e Pedro, que, no auge dos seus 18 anos, namora duas meninas ao mesmo tempo, ensinava-me como me comportar diante de uma mulher. Todos sabem tudo, e eu, nada. Absolutamente nada. Mas cadê a alma feminina?

Volto à loja e peço outra garrafa de vinho e me atrevo a convidá-la a um jantar. Ela pergunta-me: "– o quê?" Digo que foi um equívoco, mas ela insiste para que repita o convite. Digo: "– As ameixas maduras caem!" Digo: "– Quero uma boa amante!" Digo: "– Desculpe, aceita jantar?" Olhando-me nos olhos responde: "– Volte para casa, tome seu vinho, decida o que você quer e amanhã, com mais convicção, e depois de estar certo sobre o que você realmente deseja, fale! 235-0235 (não se esqueça de colocar 0 3 antes!)". Afinal, o que pretendo ligando para um número que entrou na estória sem nenhuma ligação causal, sem nexo com o mote das preocupações? Não tenho tempo para ligar para ninguém, pois preciso saber o que quero e se ainda vou tomar vinho, ou melhor se ainda vou comprar vinho naquela loja. Assumo que sou inseguro e que desejo — desculpem-me todas as mulheres — possuir muitas, mas que obedeçam a alguns critérios básicos: gostem de mim. Na juventude, desejei conquistar as mulheres mais lindas; na madureza, decidi domesticá-las com meu vigor; hoje, só desejo entender a alma da vendedora espanhola de vinho. Quanta ausência de explicação: vou comprar uma garrafa de vinho e fico envolvido de forma perturbadora por uma mulher. Qual a relação causal de dois fatos aparentemente sem conexão? Talvez algum filósofo determinista queira declarar que exista uma questão intrínseca sobre os eventos. Por outro lado, nada retira essa perturbação ou me fará entender como uma estranha que só fala de vinhos pode fazer-me sonhar com coisas do vinho e outras coisas mais...

Indeciso, frouxo, covarde, mas mostrando que as aulas de teatro tiveram alguma utilidade, apresento-me "energetizante" para o próximo encontro. Dentro de mim, uma ambivalência completa, coragem e medo disputam e ocupam, para a incompletude da física, o mesmo espaço, no mesmo tempo e lugar. Aproximo-me com ousadia e, ao mesmo tempo, desculpando-me pelas coisas ditas no dia anterior. Ela olha, interrompe minhas futuras ondas sonoras com as suas e, calmamente, fala: "– Hoje você ainda continua indeciso; então, tome esta "botella" como cortesia e retorne quando tiver uma posição sobre o que você quer!"

Convém agora colocar tudo em ordem, tomar uma decisão e romper com os males que ameaçam minha existência. Estou com pensamentos pecaminosos e, cada vez menos, angelicais em relação ao que devo fazer com a moça. Uma explosão de moral ocorre-me, afinal, uma acusação diante do juízo final é demais para um anticristão que sonha com a salvação, pois quem dúvida da Onipresença do Criador não tem tantas virtudes teologais na pauta de suas meditações. Visando a salvar uma alma do pecado e possuindo um gênio moral pervertido como o meu, seria prudente parar um pouco para rezar. Como se vê, ainda não estou completamente perdido, uma vez que o drama de minhas fraquezas se chama "vendedora de vinos" e a esperança de gozos mundanos sem prejuízo para o além-túmulo. Talvez um purgatório administrativo.

Provém já uma confissão e retornar a pesquisa sobre a alma feminina. A partir de agora, prestarei mais atenção aos discursos dos doutos medievais e, com ajuda de Avicena, vou unir-me com outras mulheres. Enfrentarei a solidão e o trajeto da redenção, pois o conselho anterior é de um sábio e nele não existe pecado, e sim salvação. Erro romântico de um pervertido, porém realista com os conteúdos cristãos, embora com pouca fé e que sabe que todas as propostas não me prejudicarão a garganta teleológica. Afinal, sua sensualidade, seus movimentos, seus lábios doces e o fogo de sua luxúria serão o meu fim.

Nessa série de frustrações sobre a alma e a deliciosa vendedora de vinhos, devo me convencer de que as mulheres não possuem almas ou, se as têm, estão em algum lugar inacessível aos filósofos. Até mesmo o gênio de Althusser (1999) que, tentando dissociar os escritos do jovem idealista do velho revolucionário, prestou uma significativa contribuição à filosofia, mas que de mulher pouco entendia; tampouco o brilhante Sartre (1978), que conquistou tudo como pensador existencialista, mas perdeu o coração de Beauvoir para um poeta. A reflexão filosófica e a pesquisa científica podem nos ensinar a entender a nossa existência e o mundo, não obstante pouco nos revela sobre as mulheres. No entanto as ciências insistem, porém não percebem a diferença hercúlea entre mulheres e o mundo fenomênico: que as pálpebras revelam o cansaço do corpo e o prenúncio do sono; que o calor é uma sensação derivada pela quentura de algo em relação à outra coisa; que as lâmpadas antigas utilizam o tungstênio e, por conseguinte, provocam o calor mais do que iluminam e que a azia do meu corpo pode ser neutralizada com um antiácido, haja vista que sua base possui força oposta ao ácido lático que provoca a sensação de mal-estar.

Lendo, resolvo alguns problemas fundamentais da minha existência. Tudo sobre ácidos e bases, sobre as vantagens do argônio, fósforo e tungstênio é entendido com aulas de química. Impulsos inibidores para o córtex cerebral podem ser aprendidos em um curso de medicina. No entanto ainda não existem pós-doutorados para compreensão da mulher e, muito menos, para essa coisa tão pouco inteligível: a alma feminina. Mas por que criar problemas com as coisas simples do mundo quando tudo está resolvido nos livros da estante? Obviamente que os livros sabem de tudo, e fica desfocado quem não tem livros para estudar. Mais de três mil anos de história, muita escrita e nenhuma evidência da alma feminina e da submissão masculina à sua dominação inteligente; só mulher que não pensa é que é subjugada pelo macho. Ninguém descreveu nada sobre o assunto, e não será agora o sucesso desse empreendimento. Em algum lugar, alguém escreveu que a mulher é o veículo do diabo e incita-nos aos pecados, pois a própria *Bíblia* (2012) nos comunica de sua natureza, mas nada fala de sua alma. Devo agir como um misógino contemporâneo e me afastar desta Eva disfarçada de vendedora.

Amanhã vou comprar outra "botella de vino" e esquecer o assunto. Afinal, não preciso dessa mulher nem de sua concupiscência. Vou ficar quietinho ouvindo outra música do poeta brasileiro Belchior: "Donde está mi corazón".

Enfim, cabe um pedido de desculpas aos filósofos Ortega y Gasset (1971) (são duas pessoas agora) pela falta de clareza e pelo insucesso do empreendimento. Por outro lado, é-me necessário retornar aos livros dos pensadores e perscrutar sempre próximo a eles. Afinal, Odisseu (HOMERO, 1992), para seu retornar a Ítaca, teve que perguntar aos antigos no Hades. Hoje, Tirésias frequenta as estantes. O livro, então, transforma o pensar e possibilita conhecer as coisas do mundo. Certamente que algumas informações valiosas necessitam de tempo e de cuidados especiais; contudo a mulher continua um mistério. Se for um veículo do demônio, uma centelha do Criador, a musa do amor, promiscuidade, caminho da luxúria, redenção, tentação, fonte de vida, pecado, castigo e salvação, nunca, desconfio, saberemos. Entretanto sou tolerante às torturas femininas. Com efeito, a mulher em si é uma ameaça. E sua alma, uma insólita pesquisa. Mas qual será seu nome... Bem-me-quer, malmequer, bem-me-quer, malmequer...

A INVENÇÃO DE UM HOMEM, DE UMA VIDA E DE UM SEGREDO

Diante de um grande mistério, durma. Assim o mistério ganha com o silêncio de suas futuras asneiras

(Olin Sier)

Emiliano Van Conc'elos era um ser humano policrônico, mas não tinha conhecimento dessa sua qualidade ou defeito – embora, às vezes, tivesse realizado multitarefas ao mesmo tempo. Repartido em sua própria personalidade, Emiliano procurava aprender sempre alguma coisa no seu dia a dia mais comum. Por outro lado, começava a perceber que todos os dias são triviais e, essencialmente, comuns. Fora do seu mundo, evidentemente, aconteciam revoluções, fome, intrigas, perfídias e amor. Entendia que tais coisas estão expostas para todos que as desejam; no entanto deu-se conta de que os eventos são indiferentes às pessoas e que essas são as mais tolas por não olharem o mundo circunvizinho, pois alhures existem coisas maiores ainda.

Um conflito prolongado encontrava-se em sua alma: viver o mundo ou o mundo viver? Encurralado nesse jogo linguístico, não dava importância que a escolha envolvia uma conquista, uma tomada de inclinação ideológica diante de sua existência. Contudo assiste ao espetáculo e aplaude a falta de desenlace. A peste de sua parcimônia o tragava lentamente. Os dias saqueavam, cautelosamente, a vida de suas células, porquanto as partículas microscópicas do seu organismo estavam sendo ceifadas. Abrindo o jornal, ficou escandalizado com a notícia: homens se vestem de mulher e não são homossexuais. Impossível tal crime. Vestir-se sempre foi uma tarefa ingrata, pois todas as cores do seu guarda-roupa foram escolhidas por sua mãe; a maneira de portar-se à mesa, na escola, no cinema, com a namorada, no bar, com os amigos, com a esposa e com os filhos foi ensinada pelo pai; a explicação do que é uma mulher foi dada pelos amigos; e tem para si que os homossexuais são uma blasfêmia contra o Senhor, pois o padre Marcelo lhe disse isso na infância. Ao norte da sua consciência, algo estava errado. Talvez os informes, talvez a notícia, talvez seu senso de compreensão, ou talvez ele mesmo. Ora, as coisas são assim, em transformação, uma espécie de devir, no qual o mundo, o jeito e as atitudes mudam, inclusive a vestimenta masculina. Emiliano não soube ler o que o destino lhe trouxe, tornar-se um autor consciente de sua história, mas ele preferiu manter a rotina, deixando que os pensamentos fossem esmagados, impedindo que seguissem para onde queriam ir. Não existimos fora da história, por isso nosso protagonista é denso, sem propósito...

Durante o banho, percebeu o tecido adiposo de sua banha. Enquanto as águas se transformavam em gotas para percorrer seu corpo, percebeu que, no passado, elas corriam mais rápidas, ou então alguma mudança na ordem da natureza tinha-o obrigado a aumentar alguns quilômetros entre sua barriga e o chão. Que troca tinha realizado com o tempo: deu sua bela juventude por aquela imensidão de gordura. Sua voz havia sido motivo de inveja no coral da igreja. Hoje, do barítono não lhe sobra força para o pedido da aguardente na quitanda de coisas vencidas. Estava assustado, e, interrompido, sua voz foi-se como o fim de um ciclo menstrual. Quando alguém lhe perguntava como está, respondia: "Sobrevivendo".

A história de Emiliano não tinha estória, ou vice-versa, pois a coisa para ele era um caso de sobrevivência, embora desconfiasse que era de "subvivência", mas o português não permitia tal insulto em sua língua, e ele ficava por cima. Seja como for, Emiliano já não queria continuar aquela existência frugal. Porém ainda não sabia o que queria, portanto permanecia na mesma até a grande revolução. Nas margens da existência e sobrevivendo, indagava-se se o destino pode ser mudado ou, então, como sucumbir às mãos sua garganta. Durante a vida inteira, foi um norte para os familiares e amigos, sendo, inclusive, elogiado pelos inimigos e "fazedores de intrigas" de plantão. Deixa de lado esses, esquece-se da participação deles em sua vida e volta ao banho, pois alguma coisa ficou no chuveiro; talvez suas dúvidas ou sua alma necessitassem de água. Seus olhos acompanhavam as gotas do alto até o buraco do umbigo, visto que, depois disso, tudo era um esforço épico. No decurso daquela pequena porção de água, viu o ralo. Olhou um pouco mais. Mirando depois dele, encontrou algo: algo tão importante, tão divino que começou a sorrir, e seu riso foi aumentando de tal maneira que, de gozo, não percebeu sua queda. Encontrava-se de face diante do ralo de forma pueril. Tentou se aproximar ainda mais; foi com um dedo pelo piso, mas de forma gradativa, bem lentamente. Seu dedo indicador convidou o polegar, e esse, os outros e, sem perceber o que ocorria, a grade estava em sua mão. Ficou espantado e maravilhado, porquanto não havia mais a proteção, o mistério diante de seus olhos... Com muito cuidado, recolocou a grade e saiu do chuveiro apressado. Correu ao telefone para informar a notícia, mas ninguém estava do outro lado. Tudo foi um erro em sua vida, pensou. No decurso de sua existência, foi o norte exemplar, embora a vida esteja no sul. Afinal, como cidadão situado abaixo da linha do Equador, deveria se "Sulear". Os amigos precisavam saber dessa informação e esquecer o ponto de suas vidas, pois estava muito longe do norte e, embora Goethe seja uma leitura maravilhosa, Borges (1999) é uma obrigação sul-americana e destiladora. O novo tipo de cidadão americano precisava se edificar, no entanto sua alvenaria não estava nas belezas do Tejo ou nas margens do Danúbio, mas nos milharais nordestinos, nas guerrilhas colombianas, no silêncio da Patagônia e na sombra das marcas autoritárias latino-americanas. Nas isoladas pradarias que são banhadas pelo Cruzeiro do Sul, encontrava-se Emiliano, e nelas somente nasceria o hino marselhês inovador, mas com a face cabocla. Emiliano procurava seus amigáveis para lhes dar a boa notícia. Entretanto não os encontrava.

 A manchete do jornal voltou aos seus olhos. Descobriu que pouco importava o significado de *drag queen*, homossexual, homem, mulher, pois tudo o que entra no jornal é pragmático e comercial. Pouco importam os hormônios utilizados por Bete, Janete ou um quem. Eles e elas são livres para nortear ou "Sulear" suas identidades sexuais ou trabalhistas, todos sabem o gozo, a beleza, a dor, mas poucos sabem que o amor que vem do outro, independentemente da genitália, convida-nos para uma canção.

 Cuidadosamente negando a multitarefa diante do espelho e com a nova informação, saiu Emiliano de casa rumo à cidade. Decidido a viver o mundo e sua nova existência e recavar a arqueologia de sua vida, sendo o senhor de suas escolhas, estava disposto a dessacralizar o mistério que se encontrava debaixo do ralo. Tão contente estava que, sem olhar para os lados, atravessou e morreu na avenida São João, pois, mesmo no Reino Unido, isso é necessário...

Talvez Emiliano tenha descoberto muito tarde o segredo da existência; do cuidado com os segredos; a beleza do Cruzeiro do Sul; que existe um tempo para todas as coisas e que, às vezes, é importante fazê-las no mesmo tempo; mas, acima de tudo, deve-se ter muito cuidado com o trânsito na América do Sul e, em especial, em São Paulo ou em Feira de Santana. Fim... ou o início de outro segredo?

NA REPARTIÇÃO PÚBLICA

Assim como nas repartições públicas de todo o Brasil, nas universidades, há dois tipos gerais de reuniões, umas que são pragmáticas e outras, indefiníveis. Do ponto de vista de um realista, percebem-se dois pontos característicos e, ao mesmo tempo, equidistantes entre eles. Um é que são representados, de um lado, pelos que têm aversões às intrigas e, de outro, pelos resolutos em regenerar todos aqueles a quem julgam fracos de moral. Depois, a diferença básica entre esses tipos consiste em: num, encontram-se pessoas comprometidas com a discussão e os encaminhamentos voltados para a ação; noutro, seus participantes adoram mais as afluências do que o propósito que exigiu sua convocação – essas aglomerações duram entre três e quatro horas, e, por fim, há, a cada encontro, a retomada do que foi aprovado no anterior, o que enseja uma verdadeira discussão acerca da visão de mundo de cada um, concepções distintas que se opõem mais por conta do proponente do que pela própria coisa discutida. No primeiro tipo, como se nota, ou o mundo é esférico ou é plano. Dependendo do problema, logo após as deliberações da reunião, usam-se as ferramentas que operam em um mundo ou no outro. Já na segunda, uns dizem que o método é muito rígido; os demais, que tais caminhos ferem os princípios da liberdade, e, em meio ao turbilhão de falas, há uma imensa massa mansa e silenciosa. Na coisa pública, o silêncio é mais do que uma atitude, é um instrumento político. No entanto não basta apenas não pronunciar sons; é indispensável certa encenação, mostrar-se sensivelmente dividido nas disputas entre os docentes bons e maus, como se a recusa de participar dos negócios públicos fosse um estudo para a tomada de um lado. Quem melhor exprime sua naturalidade, oscila em diálogos cordiais com os personagens que lutam entre si.

A vida na repartição pública merece um bom estudo, e a parte dedicada à educação não espera menos. A agressividade metamorfoseada de urbanidade, floreios retóricos e o ar de beatitude depois de esmagar qualquer tentativa de diálogo realmente assustam os novos; porém uns têm o conhecimento claro do que os espera: uma luta intestina pela conquista de almas.

As contendas ganham contornos inusitados por conta do conteúdo e interesse dos debatedores. Se o primeiro tipo se destaca pelo uso da racionalidade e, em seguida, coloca uma lógica em movimento para consecução do que foi decidido; no segundo ordenamento, o poder, a metafísica, os domínios e as ameaças afetam imediatamente as partes, graças à natureza de seus proponentes. Não importa a genialidade de uma proposição: cada ideia apresentada está sujeita à crítica. E, no meio dos lados, uma pluralidade de consciências que não quer ser consciência de algo.

No que tange ao primeiro, verifica-se que a maturidade reina quando tomada pelo espírito republicano e o respeito às leis. De mais a mais, há pequenos conflitos, orgulhos machucados; não obstante, como são motivados por ideias propícias à eficiência dos serviços públicos; ao final, o individual se esvai em prol do interesse coletivo. Todavia, com o decurso do tempo, o que era saudável, bem intencionado e tinha a vista no bem público passa a ser um caminho, uma mediação, para um fim particular; assim começa-se o desvio entre meios e fins. É costume perceber nesses meios a ascendência de uns indivíduos que, crescendo, tornam-se personagens que se transformam na face do grupo, determinando os movimentos de todos por uma linha de pensamento que une uma inteireza de nexos numa direção que se converte em unidirecionalidade. Uma voz agradável, um ideário romântico, vinhos e graciosas pantomimas fazem com que os peregrinos, aos poucos, compartilhem de sua visão utópica de mundo. A influência de suas palavras é reforçada pelos mais próximos, que são os primevos, que se apaixonaram por palavras que ocultam o caráter das reais intenções. Dar vida e contornos aos vocábulos é uma arte maior, mas, se somada a uma forma sonora agradável, até Lúcifer, em sua lucidez, pode ser ludibriado. Uma vontade interior e uma palavra exterior, por meio de atos e de uma argumentação emocional, vão corrompendo os valores até que o objetivo último de todos passa a ser a promoção do grande prazer emocional do líder (agora ele é a eminência que controla as pessoas), colocado como o bem supremo. Essa situação não ocorre rapidamente; há uma transição de transmutação dos valores, ainda que suas designações tenham verbetes tradicionais, como liberdade, autonomia, criticidade etc. Quando o grande remodelador moral se torna o arauto do sagrado, cabe somente a ele definir quais são os erros e as perversões inapropriadas. Como sua alma só reconhece sua própria inteligência, o maior equívoco que se pode cometer nesses casos é contrariar a sua opinião, mesmo que não fiquem claras, aos seus seguidores, suas técnicas, como as reuniões aparentemente democráticas para universalizar uma ideia que já havia sido decidida em seu gabinete de casa. Uma vez cristalizado o poder no grupo, alinham-se outras ações: conquistar o segundo grupo ou, então, inviabilizar quaisquer coisas que sejam contrárias aos objetivos do primeiro. É imprescindível recordar que toda ação, nessa esfera, visa exclusivamente a consolidar o domínio do grupo. Com a dissimulação de que se preocupam com o interesse público, vão construindo formas e instrumentos que dificultem a todos questioná-los.

Como, no segundo agrupamento, cabem todos, constata-se que uma proposição de um seguidor do primeiro é logo compreendida como uma função necessária para todos, afinal sua adoção proporcionará satisfação. Se uma atribuição é indicada a um dos seus membros, imediatamente é louvada mais pelo agente do que pela própria tarefa. Se o mesmo encargo é atribuído a um crítico deles, começa uma conversa de corredor de que é supérfluo ou de que a pessoa é incapaz de realizá-lo. Se, ao final, é cumprida com eficiência e conhecimento geral, o que impede a língua nociva de atacar em público, tenta-se desqualificar o indivíduo sorrateiramente. A depreciação de outrem é, simultaneamente, a negação da consciência de si e um contravalor de uma consciência que não aceita quem pense de maneira divergente. Como a realidade não é uma relação entre consciências, uma ficção toma o lugar apropriado para manifestações agressivas, cujo ideal de humanidade foi edificado pelas palavras do líder.

No extremo, as pessoas desse grupo vão se tornando prisioneiras de uma ideologia que não lhes pertence; mas, dado o compromisso emocional com os pares, mergulham, cada vez mais, na alienação, a ponto de desprezarem o uso da racionalidade quando o desafeto se expressa claramente e com razão. O mais estranho é que as pessoas que estão no intermédio, aquelas que usam o silêncio como instrumento político, poderiam exercer um papel significativo para redirecionar a todos ao primeiro grupo, aquele que usa o "bom senso" de modo racional. Afinal, o que buscam é a glorificação do bom trabalho e a construção de um espaço laboral agradável e eficiente.

Mas não é isso o que acontece, o que prova que o silêncio, como instrumento, não é uma ferramenta tão eficaz, já que ele não constrói um caminho para a paz interior ou exterior. Enquanto uns se acharem ardentes defensores da moral do remodelador e continuarem com suas perseguições aos discordantes, apenas porque eles apontam o que os outros estão confundindo o público com o privado, a palavra não cumprirá sua verdadeira função: apreensão do saber. Dessa forma, o sentido da palavra deve ser invertido, uma vez que não se pode nomear de reflexão o que nega sua realização.

A palavra deve liberar seu ímpeto, tornar-se o condutor da razão e, em seguida, proporcionar às pessoas um diálogo sem fissuras, capaz de ser captado por quem entrega o ouvido ao racional. Ocorre que tal princípio se imiscui com as questões técnico-pedagógicas, já que uns defendem sua posição totalitária, com base em argumentos falsamente democráticos, e querem, ao mesmo tempo, banir a heterogeneidade pela homogeneidade. Contemplando o futuro, em sua utopia estatal, na qual serão os dirigentes, só há espaço para uma voz, a própria. Contudo ela só é entendida por quem compartilha da mesma fé; a verdade não é racional, mas sim uma conjunção de crenças entre sujeitos que dividem entre si uma verdade íntima que não pode ser contradita. A credibilidade no que compartilham legitima qualquer ação contra princípios e normas, afinal, como são os únicos que sabem o que é a verdadeira condição humana, estão autorizados a agir, pela sua compreensão da história, independentemente do que julgam todos os que pensam, como se sua ação fosse sagrada. Se um indivíduo aponta a inconsistência da ação, acusa sua personalidade, não seu argumento. Se outro indica a ilegalidade, afirmam que a autonomia e o poder interno da instituição são mais significativos do que os vícios externos. Se mais outro sustenta que há falta de comunhão entre natureza e sentimento do descompasso que querem usar, dizem que não se pode perder a oportunidade de lançar novas propostas. Todavia, se uma outra orientação é feita por um não membro, apontando os meios de implementá-la, sem ferir qualquer dos princípios assinalados antes, eles são avessos e insinuam que desejam contornar as tradições sagradas da instituição. Conviver em universidade é intensa atividade intelectual. Depois de tudo, entende-se que cada um tem sua voz, mas apenas uma é válida.

Quando se coexiste muito tempo nas universidades, nota-se que elas não são tão dialéticas na proposição de seus temas, inclusive no tratamento das questões de suas reuniões oficiais. O afeto e o desafeto substituem as leis, a boa ordenação o arbítrio do que dominam. A natureza do ambiente dialético e dialógico se torna a casa particular, e o interesse público se confunde com o individual. Contudo esse é um caráter próprio de tudo quanto é humano. Não se trata de resistir, porém de aceitar que a realidade é construída socialmente por todos juntos, e concomitantemente. A universidade está à beira do abismo, essa perspectiva, entretanto, é boa, faz parte da história constituinte de sua interação o conflito, mas que seja institucionalizado. Quem frequenta cotidianamente o espaço universitário sabe que ali é a casa de Palas Athena, deusa da sabedoria, mas também a de Éris, deusa da discórdia. Graças à sorte e, respectivamente, à metáfora, as oposições humanas seguem a natureza divina, motivo pelo qual a universidade é o melhor lugar para pensar a realidade última da humanidade em suas contradições. Os estabelecimentos de ensino são, por excelência, desculpem-me o clichê, o espaço do desemaranhar do ser humano, por isso que ali, melhor que noutro local, o pior do ser humano precisa se transvestir com floreios argumentativos para eliminar o diferente, o que lhe ameaça. Às vezes, o discurso sai pela culatra, e as inclinações ideológicas florescem e permitem a uns compreenderem as circunstâncias que criaram esse ambiente tão sujeito às facções. Eu não vejo problemas nas facções, mas sei que toda facção, em algum momento, opõe-se às leis, o que me impele a não gostar desses grupos. E, quando agem com desculpas públicas, aí o problema já se institucionalizou.

Não me aprazem as afeições ideológicas, no entanto tenho uma: sou humanista cívico. Considero que a instância pública está sempre acima dos particulares, mas namoro a liberdade, o que me possibilita pensar que somente a lei deve julgar o descompasso entre esses pontos. Os sentimentos são maravilhosos para o relacionamento das pessoas; todavia não são condizentes para organizar o interesse público, que é feito pelas facções.

    Estou convicto, salvo melhor juízo, de que atividades bem definidas devem ser exercidas com base na dupla competência, técnica e jurisdicional, e que os diversos "uns, outros e o pessoal do meio" podem produzir um bom funcionamento público, permitindo não cair no jogo produzido pela facção, de colocar um contra o outro, sem julgar as propostas pelo proponente, mas apenas pela ideia. Estou consciente de que um pensamento que valoriza mais o orgulho e a ambição pode conviver com outros espíritos mais calmos, mas esses últimos devem fazer prezar o respeito às leis. Uma facção sempre é perigosa, porque se opõe à lei; no entanto, se não atentar contra as normas (o que é, por sua natureza, impossível), deve ser tolerada.

O LUSTRE DE LUSTRO

"Estou pensando!" Era o que ele costumava dizer. Ele sempre repetia: "Estou pensando!" Algumas vezes, arriscava algo mais perigoso: "Falta um verbo aqui!". A solução dialógica sempre era prorrogada pela espera do pensamento. De início, supomos que suas digressões fossem suspensas abruptamente com a missiva da descoberta. No entanto os anos foram passando, e ele continuava "pensando".

— Como hoje está quente! – disse Esperantisto Sperare.

— Nem tanto – falou Dr. Desiderio Stanco, que ainda acrescentou: — É falta de costume. Não acha, Vasc'elos Dispiace Lavorare?

— Não sei não, mas vou pensar!

"Tais respostas não podiam ser generalizadas, simplificadas, "pragmatizadas", ou há razões boas e transcendentais que façam o mais simples assunto ganhar contornos filosóficos para o Dispiace Lavorare?" – pensou um funcionário que escutara a conversa.

A sala estava repleta de livros e sobre eles, marcadores. Onde? São tantas coisas, tantos livros, tantas páginas para trabalhar a reflexão... Além disso, falta preparar o discurso do deputado. Alguma coisa precisava acontecer, mas ninguém sabia o quê. Em meio a tantas coisas, eis que surge a esperança. As portas começam a ranger lentamente, e uma tímida cabeleira ruiva se apresenta. O cheiro de café o acompanha. O chão parece distante, pois seus pés cruzam lentamente a pouca distância existente entre a mesa da sala e a porta. Não havia mais dúvida, era o Dispiace Lavorare.

— Tenho um problema – começou Desiderio, dirigindo-se a Dispiace Lavorare.

— Vamos pensar nele! – disse. — Vamos nos ocupar de uma tela com laminado melamínico brilhante ou, quiçá, desse palito não tóxico de cal – expressou ele.

— Eis um lustre (nunca imaginara que um quadro de aviso e um pincel atômico pudessem ser apresentados tão elegantemente)! E continuei: — Preciso de um discurso sobre o pouco envolvimento de alguns profissionais com o funcionalismo público.

E começamos a rir sobre o assunto. As palavras de Dispiace Lavorare sempre eram bem-vindas a Desiderio. Esse, imaginava naquele momento em que compartilhavam a mesma opinião sobre o tema. Segurando meu ombro, num delicado gesto de solidariedade e de madureza que o tempo certamente prepara, ele me disse:

— Meu compromisso é de outra ordem!

— Mas como?

— Não acredito que os poucos empregados que aqui temos podem servir de terreno para essas meditações. Acredito que opiniões preconceituosas estejam lhe estimulando a não perceber a real dedicação das pessoas com a coisa pública.

— Mas veja – disse-lhe – a coisa aqui sempre fica para depois. Por exemplo, outro dia, solicitei um memorando ao setor de engenharia. Pasme! Três meses depois, os lotados naquele setor ainda estavam pensando sobre o assunto. Veja ainda: pedi-lhes no documento urgência urgentíssima na confecção, pois tínhamos as verbas necessárias para as obras e, ao mesmo tempo, adverti-lhes que a construção abrigaria centenas de pessoas desalojadas pelas últimas enxurradas.

— Mas qual foi o problema? – perguntou-me.

— O problema está exposto. Pessoas desalojadas precisam de medidas imediatas, e verbas públicas sem destino voltam aos cofres públicos ou terminam em algum paraíso fiscal.

— Veja o outro lado, meu amigo. Aconteceu tudo ao contrário. As pessoas agora terão a prioridade de pensar seriamente em construir casas em zonas de risco considerável. Ademais, os projetistas precisam de algum tempo para planejar as futuras edificações, para evitar danos às pessoas e ao erário público.

Foi assim que perdi minha primeira batalha com o Dispiace Lavorare. O tempo trouxe novos problemas que requereram ações rápidas, mas ele sempre me convencia dos perigos da pressa. Em alguns momentos, fecho os olhos e chego a lembrar a quantidade de vezes em que o Dispiace Lavorare me socorreu: nunca me deixando tomar uma ação sem realizar um estudo exaustivo sobre todo o problema. Aliás, imaginar riscos e benefícios se tornou uma prioridade de vida. Cheguei, uma certa feita, a ser convidado para trabalhar numa agência de seguros, mas sempre vacilava. O Vasc'elos Dispiace Lavorare, pelo contrário, conseguia todo o tempo do mundo para realizar outras funções e empregos.

    Um dia, azedo de obrigações, resolvi averiguar em que ponto estava o trabalho dos engenheiros pedido há muitos anos. Fui pessoalmente ao setor; nunca estivera lá, aliás, descobrira esse grande equívoco de minha parte. Lá estavam muitos esboços acerca do projeto, mas nada, absolutamente nada, tinha se edificado sobre os planos de habitação para os desalojados. Sentei-me na cadeira e esperei o chefe da seção. Pelas tantas, apareceu-me o Dispiace Lavorare.

— Lembra-se daquele projeto para desalojados?

— Sim, como não!

— Fique sabendo que nada foi resolvido sobre ele até hoje...

— Aliás, estava pensando justamente no assunto...

DA FRAGILIDADE HUMANA

Um pouco de chá e agonia se misturavam em sua estranha cama. De repente aquele pensamento retorna: "a alma existe ou não?" Por que uma pergunta sem qualquer importância ocupa sua mente? Por que sua memória sempre resgata essa indagação? Além disso, como uma dúvida trivial o faz sentir uma dor no coração? A questão existia em sua mente e ele desconfiava de muitas respostas, embora essas buscassem um dogma para lhe colocar no chão, no chão, principalmente acima da terra!

As coisas começaram a se movimentar. Aos poucos, as palavras foram surgindo e afetando seus ânimos, a tal ponto que sua língua devassa, ébria, arrogante foi sensivelmente se transformando em uma piada amarga, seca. Os olhos perceberam coisas que, ao mesmo tempo, seus ouvidos negavam. Havia uma certa e incerta surdez no vazio da inquietação. A noite continuava sem passar. O aparelho que indicava as pulsações gritava 15 por 12. Normal, estranhamente normal. No entanto aquela experiência individual não contava nada, pois não existem sensações solitárias para aquele que vive no social... De modo obscuro, ficou só, sem carro, sem amigos, sem ouvidos e sem seu mais precioso e estimado companheiro: seu eu!

Procurou sistematizar a situação, como outrora fizera, mas, dessa vez, ela se negava. A fisiologia corriqueira foi alterada, e aquela impávida psicologia se perdia diante de seu quadro médico. As únicas passagens em sua mente eram: finitude, morte, vida, vida, morte e minha morte.

Faltava-lhe crítica, faltava-lhe discernimento. Estava morrendo e sozinho e com um eco mudo e cheio no ouvido. A língua ficou, por um momento, doce, mas aquela dor na nuca aumentava. "Que diabo de morte!", pensava. "Vem-se, por que não chega logo?" Pensou em um possível acordo, pensou em Epicuro, que dizia que, enquanto há vida, não existe a morte e, quando se está morto, não é necessário ficar pensando na vida; lembrou-se de seu cartão de crédito...

Alma? Um estado psíquico ou uma entidade? Sentiu a última hora chegar. Considerou os últimos aspectos da existência e, lamentavelmente, suas escolhas. Poderia ter optado por aquela naquele momento ou então por outra! As dores que sentia, devido às suas escolhas, acompanhavam-lhe, e, com a proximidade da hora, deixou de pensar em suas posses e colocou-se como um mendigo à espera do golpe final. "Quantas vontades inúteis, quantas coisas frívolas, tantas normas..." – pensava.

No entanto, entre o desejo e o arrependimento, sentiu um fio de lucidez e refletiu: "Todas aquelas escolhas foram as minhas escolhas!". Esse que agora pensava, pensava assim justamente porque fez aquelas escolhas, e sem elas ele nada seria, nada, absolutamente nada. Embora morrendo, não acreditava que devia se condenar por suas alternativas; não queria mais nenhum remédio para amenizar suas dores, preferências. Mesmo temeroso, chegou à conclusão de que as paixões são espertas; elas não vagam na ilusão de debilidades mentais vãs; não são totalmente sem fundamentos, ainda que sejam instáveis. Há um princípio que move a alma do *homo sapiens* (até quando se torna o *homo vácuo*): o desejo de eternidade. Raros são os bons caminhos que indagam o sentido da vida, o que daria, por sua vez, uma guarida para a alma cansada de arrastar um corpo por tantas lojas durante meio século de uma existência impensada. Assim, a solução é inventar definições ou, então, colocar a alma em água saturada com sal, na esperança de que a humidade (e não a sua humanidade), com outras substâncias, conserve-a durante o máximo tempo em que dure tanto consumismo – que supostamente lhe dá a sensação de liberdade d'alma. Afinal de contas, o ser humano nada mais é do que um monte de água, cheio de reações químicas e ilusões perambulando pelas estradas da sobrevivência em busca de um significado nobre para aquilo que não contém; embora a sua suposta liberdade lhe indique que seu frequente consumo de itens supérfluos é produzido pela sua autonomia. Esvaziado, desprovido de sentido e longe, muito longe de ser uma criatura reflexiva que não entende o sistema econômico que lhe impõe suas próprias vontades, o homem, indeciso, segue entre escolher a sujeição ao vazio ou se entregar à sensação da perda sob a aquisição de mais coisas; forjando sua dimensão existencial na posse de propriedades, relegando sua alma a um pequeno retângulo com números dados pelo sistema que ignora. Ele suspende as regras do julgamento e se entrega à paixão das vantagens que resultam da posse de coisas. E o pior: ele força seu juízo a aceitar que isso é uma virtude, ao invés de um ato de "almicídio". Nesses contrários valores fictícios de alimentar a alma com coisas, perde a característica primordial do "homo sapiens": o dom de ter uma alma inquiridora. Essa é crítica por natureza, mas, tal como um atleta olímpico, precisa ser treinada para a arte de julgar. Ademais, como as coisas supérfluas são sedutoras, muitas vezes não basta aguardar a espontaneidade da alma: é necessário obrigá-la a seguir sua função primeva de entender o mundo à sua volta. Se não é exercitada, inevitavelmente se perde de si e deixa de perceber que, por trás do material magnético, há uma identidade, todavia uma que atende aos requisitos das instituições bancárias, deixando o sentido do ser (ainda que seja uma busca inglória) mais encoberto com outros fins que não permitem compreender o verdadeiro sentido do ser. Essa é a razão pela qual toda salvação da alma se perde; inversamente à salvação pela pesquisa do ser, fabricam-se mais pequenos retângulos que são colocados na bolsa, que foi entendida na atualidade, como a casa do ser.

Lá atrás, indagou-se: o que é a alma? A única coisa que restou foi uma total deficiência em suas respostas ao longo da existência humana. A realidade última desse assunto é a soma de um grande número de inverdades, tão inverídicas quanto as religiões que inventam palavras complicadas como "alma" para explicar o que não são as coisas. Cristãos, muçulmanos e judeus louvam as virtudes de sua fé, dando a resposta definitiva ao que se chama alma. Sou inconformado com as religiões e suas intencionalidades, embora julgue que um deísmo, de vertente cristã, foi colocado em mim pela família – o que me deixa contaminado e muito distante do verdadeiro sentido da alma, caso ela exista. E se não existir? Aí, as coisas complicam, já que, sem o elemento alma, abre-se uma série de perspectivas que vão além da moral suscitada pelos três credos; imagine que sejam tomadas em consideração com um forte acento de materialismo. Em um mundo em que poucos usufruem do acesso aos bens produzidos às custas de outros, uma abordagem crítica da alma pode promover uma busca por verdades que foram encobertas com palavras que escondem/mostram coisas.

Por trás da simples pergunta da existência ou não da alma, segue o costume que serve de pressuposto para toda a autoridade baseada no prêmio de uma vida além deste plano existencial. Aliás, graças a essa crença, muitos indivíduos agem de modo contrário aos seus próprios interesses. Mas, cadê a alma? A procura pela alma não poderia ser uma aventura pelo sentimento primevo da criança, aquilo que Freud (1996) denomina complexo de Édipo. E mais, como esse e Creonte, respectivamente, em *Édipo Rei* e *Antígona*, nosso personagem não estaria buscando aquilo que seria sua ruína? Como os dois protagonistas de Sófocles (2002) mencionados há pouco, e como tantos outros filósofos que foram ao encontro da verdade, ele pôde, ao final, descobrir muito tarde o quanto foi insensato em caçar aquilo que o aniquilaria. Como disse o coro no desfecho de *Antígona*: "sabedoria é essencial para a felicidade". Pensando nesse aviso, bem como influenciado por esse sistema econômico que transforma todos em prisioneiros do consumo de supérfluo, nosso crítico tupiniquim deixará sua indagação inicial acerca da alma para especialistas que lidam melhor com as exigências da retórica. Adeus às controvérsias.

Nessa quadra do tempo tão conturbada, olhou para o cartão de crédito, para o telefone e ponderou: fez uma equação, pediu uma cerveja, e tudo se dissipou... A morte se foi, mas o cartão, por enquanto, funcionou ...

REVENDO O QUE É FELICIDADE

Não sei se conseguiria explicar o que estava sentindo naquela tarde de sol. Os móveis se misturavam com o calor; tudo ficava, insuportavelmente, quente. A velha cama mais se parecia com uma aventura sexual indesejada, isto é, existia a pulsão, mas faltava a cumplicidade do corpo e da alma. Pensava sobre os últimos acontecimentos da triste vida, não pelas intempéries que o destino nos faz passar, e sim pela falta de desmedidas que não arriscamos mais. Não obstante as ideias e uma pequena pesquisa sobre a essência do tempo, começo a confundir os dias com os anos e, embora sempre subestimasse a importância do tempo, entrego-me ao seu fluxo natural, de modo que realizo uma leitura anosa das semanas; ao fim do mês, portanto, estarei com 114 anos. Veja que a conta é arbitrária e, por conseguinte, já sou vítima da sucessão temporal.

A vida ultimamente me pergunta: "O que é felicidade?". Tento insistentemente resolver essa problemática, mas tenho sofrido derrotas intelectuais sérias, uma vez que nunca consigo perscrutar de fato a questão. Sem embargo, sou um homem limitado, fragmentado e alimentado no senso comum e, frequentemente, não sujeito às soluções melificantes que não diferem da conduta social aceitável. Portanto, sou levado a esquecer o que proponho procurar, mas incentivo minhas deficiências pelas complexidades do objeto.

As idas e idas, pois umas têm voltas, ao cotidiano não aumentaram minhas possibilidades de me envolver no assunto; devo, portanto, buscá-las nos livros. Afinal, o astuto Ulisses, em busca dos lábios de Penélope, vai ao Hades conversar com Tirésias e, assim, pelo mar furioso do deus Poseidon, encontrar o caminho do seu lar. De algum modo, devo escutar os mitos e as crenças, pois, nessa analogia, minhas pesquisas podem ser mais fortuitas;

pena que não exista Ítaca no fim dessa jornada, tendo em vista que a simples semelhança me traria conforto e paz.

Sento no "sofazinho", para acentuar a seriedade do tema, carregado das sobras do almoço, janta e café e volto ao assunto dessa diligência: felicidade. Em primeira instância, é preciso determinar o procedimento, pois os caminhos são muitos. Usualmente opto pelo princípio, mas, nos últimos tempos, os propósitos têm sido mais utilitaristas. A escolha de um método elimina o outro ou não? Indubitável injustiça nossa escolha. Sejamos anarquistas, revelando uma forma revolucionária e afastando certos temores intelectuais. Decido pela arbitrariedade, embora inicie pelos antigos. Vou à pluralidade do eleatismo e encontro Pitágoras; porque, segundo alguns, parece ensinar algo sobre o assunto. Mas paro. Desisto antes de começar o empreendimento, porquanto se torna *conditio sine qua non* conhecer o significado da unidade, do ser, do não ser, da esfera, e estou interessado somente na felicidade. Pitágoras fica para outra aventura. Contudo aceito a harmonia do filósofo, visto que deixo uma música me levar às musas.

O início de uma boa filosofia pode ser Platão (2010) e, em consequência, a solução do nosso tentame. Rasgo a *República* (PLATÃO, 1996) de um lado a outro, consulto os intérpretes oficiais, pois uma boa leitura de filosofia não se faz com o verdadeiro filósofo, mas nos seus representantes. Volto ao filósofo, mesmo incorrendo em erro, visto que suas linhas parecem mais digestivas do que as receitas dos seus discípulos sacramentados: felicidade seria algo como a contemplação das ideias; para alguém ser feliz, precisa ter a melhor vida, e essa se encontra na cidade, em seguir aquilo que a natureza lhe facultou. Parece que surgiu uma reflexão, mas não consigo explicar o que sinto. Essa sensação se apresenta constantemente quando penso na matéria. Guardo essa informação e, já que estou próximo, pergunto a Aristóteles (1985). De acordo com ele, seria a veneração do sumo bem, o que promove felicidade, a vida participativa na política e na busca do conhecimento, ou seja, consiste em edificar uma existência na contemplação do conhecimento, incluindo os outros aspectos relacionados à vida.

Para o dicionário, um substantivo. Mas qual a sua substância? Revela-se um problema, pois qual a forma de se envolver com as essências? Seria somente um nome? Brotam dúvidas abissais. Notavelmente inteligentes as posturas dos filósofos citados, mas busco uma felicidade de homem comum, datado no tempo, filho da tecnologia, fanático pela religião, servo da ciência e que acredita que democracia e urnas são sinônimas. Com efeito, quais as vantagens práticas de escolher uma em detrimento da outra? Há a tendência bárbara de optar, às vezes, perigosamente, pelo modo do *bom senso* e sempre lembrar que todos têm uma reposta para toda e qualquer questão!

    Os estudos básicos, entretanto, não apresentaram os benefícios esperados; tanta história e diligência, mas soluções imprecisas para alguém desesperado. Olho Enara sorrindo e pergunto: "Está feliz?". "Não!" Também vou questionar a quem não devo. Primeiro passo de uma busca: nunca pergunte a coisa certa para a pessoa errada. De outra mirada, nada mais belo e, simultaneamente, sincero do que suas dúvidas; mas por que tão abissais? Observo Júlia: corre, cai, levanta, para, bebe água, berra com uma amiga, zanga-se, entra em casa quase chorando, liga a televisão e assiste, pela quadragésima oitava vez, ao mesmo desenho; sorri, toma banho contrariada, janta contrariada, faz a lição de casa contrariada e dorme. Vou dormir pelo cansaço de mais uma empresa fracassada; vou ao quarto de Júlia e a contemplo dormindo: está sorrindo.

    Depois do sorriso, inverto o método e procuro respostas em exemplos do cotidiano que, em geral, supersticiosos e imprecisos, aproxima-nos, às vezes, dos objetivos pretendidos. Lembro-me de Xavier. Homem de prudência e amabilidade incomuns para nossa época. Observo cuidadosamente seu jeito de ser e o defino como um ser humano dotado de satisfação completa, pois tem, em sua alma, a constituição platônica; entende de números de tal forma que Pitágoras o convidaria a sua seita; e, enfim, possui a disposição aristotélica para contemplar o saber, envolvendo-se, ao mesmo tempo, em todas as áreas do humano. Recentemente foi tomado de uma surpresa: numa bela manhã baiana, sentiu uma forte dor no braço e um certo descompasso no ritmo cardíaco. Levei-o ao hospital mais próximo e, para minha infelicidade (isso eu já conheço), tive que carregá-lo no colo. Como seu líquido gorduroso se manifesta em todas as partes do corpo, sofri de uma grande dificuldade, principalmente depois que abandonei o uso do fruto avermelhado que me intoxicava, mas dava uma ajuda nos esportes. De repente, três senhoras se aproximam e perguntam se o homem em meus braços está muito doente ou se já morreu. Respondo que seu estado é terminal. Param minhas intenções e se oferecem para levá-lo, pedindo, contudo, que eu tenha calma. Colocam-no deitado vagarosamente no chão, depois pensam em qual seria a melhor maneira de transportá-lo para o instituto do coração; coisas de mulher, afinal trazem o sentido da vida em suas entranhas. Examinam a situação sob outra perspectiva. Noto que seus olhos realizam aquela operação com muita satisfação e penso: como existem pessoas boas neste mundo. Cada detalhe é reexaminado; seguram-no com muita firmeza e finalmente o colocam na maca do hospital; antes, porém, para minha surpresa, entregam-me um cartão e se prontificam a ajudar-me assim que acioná-las. Chega o médico, e corro em auxílio ao enfermo.

 Cinco horas depois, o doutor aproxima-se e avisa que o paciente não tem nada no coração – imediatamente vejo nascer um sorriso em meu amigo –, tampouco afirmam a moléstia, mas prometem resolver a questão até o fim do dia. Estômago nada anormal; circulação sanguínea segue eficientemente; nada de vírus; nada de bactérias; nada no sistema nervoso. Passam os dias, e a alegria vai se dissipando dos seus lábios; encontra-se numa instituição particular e não possui nenhum convênio. Angustiado pela crescente onda de exames, meu amigo chora, pois, não tendo doença alguma, como justificará aquele assalto a sua conta bancária? Chega ao doutor e pergunta: "Tem que ter alguma coisa em meu corpo, pois não posso admitir que após tantos remédios, soros e precauções profiláticas eu não tenha nada". Parece que é um princípio de pneumonia, disse o médico. Aliviado com a notícia, deita em seu leito e informa, satisfatoriamente, aos amigos seu estado atual: "Estou com princípio de pneumonia!". Fica alegre; entretanto, com os dias, recebe alta e sua conta. Perde aquele estado aristotélico referido anteriormente. Recentemente, nada encontro nele de felicidade, pois só pensa nas taxas de serviços hospitalares.

 Dias depois, recordo-me das senhoras que me ajudaram na entrada do hospital e resolvo telefonar para agradecer: "Dona Márcia, eu sou aquele rapaz que foi ajudado pela sra. e suas amigas, lembra?" Satisfeita, responde: "Sim! Precisa de alguma coisa? Mandamos agora", disse. Informo que meu amigo é sueco, mas que tem nome de latino, ficou muito bem e me pediu para agradecer. Percebo que sua voz se altera, chegando mesmo a ficar chateada; desliga o telefone sem se despedir. Fico curioso e contrariado, porque me sentia na obrigação de ajudá-la, uma vez que algo a incomodava. Resolvo, então, olhar o cartão para encontrar o endereço e visitá-la. Procuro na carteira e encontro: "Funerárias Irmãs da boa morte, conte conosco para qualquer ajuda!"

Volto ao sofazinho, local em que minhas indagações começaram e que ainda está cheio de migalhas de comida e penso em felicidade; descubro que a única pessoa que pode colaborar com o empreendimento está preocupada essencialmente em ser feliz e, nesse sentido, não tem como contribuir. Nesse calor de Feira de Santana, penso: "Se jogasse o velho sofazinho fora e, ao mesmo tempo, tomasse um sorvete de pistache? Poderia não encontrar a felicidade, mas minha alma e meu corpo ficariam felizes!".

O ISOLAMENTO ACADÊMICO, PRÓTONS, ELÉTRONS E NÊUTRONS

  Vieira e Antônio se conhecem há duas décadas, são professores de uma pequena instituição de ensino na periferia da Bahia. Vieira leciona no curso de Humanidades, Antônio na graduação de Engenharia e Hidráulica. Eles se encontram com certa regularidade para um deleitoso colóquio amical e degustações de cervejas e tira-gostos em um botequim que se localiza no centro da cidade, cuja fachada deixa perceber, a qualquer portador de catarata, que se trata de um daqueles velhos prédios sujos e não adaptados a uma atividade comercial. Entre o desconforto do atendimento de um garçom ineficiente e um toalete hostil às normas de higiene, sobram a luz de um ambiente intelectualizado e o clima de resistência ao convívio em "shoppings centers". Tradicionalmente, topam-se ali às sextas-feiras, mas dessa vez, por conta de uma ligação exaltada de Vieira, resolveram antecipar o bate-papo em um dia. De longe, Antônio percebeu, ao entrar na rua, que Vieira estava ansioso, perambulando entre as mesas, o que era incomum, visto que, em 16 anos de encontros, vira-o sempre sentado, salvo quando a bexiga o obrigava a se espremer por entre o espaço contaminado do sanitário. Na chegada, Antônio confirmou que o amigo estava com a face perturbada e taciturna. Tudo indicava, naquele momento, que ele não descansaria as pálpebras até que todo o mal-estar presente em sua língua fosse comunicado ao mundo. Ao se avistarem, Vieira consumiu rápido o líquido alcoólico, o que fez com que Antônio suspeitasse que aquele gole específico serviu mais para lubrificar a garganta do que para fornecer o deleite da bebida.

— Boas-vindas, amigo Antônio!
— Olá, Vieira!

— Embora seja impossível adivinhar o que os outros pensam, imagino que, no que se refere aos fatos, dois observadores simultâneos podem ter a mesma interpretação de um único evento – disse Vieira.

— No que diz respeito ao juízo expresso agora, estou convicto que sim! – respondeu Antônio.

— Mesmo sendo um estudioso das áreas de humanas, estive pensando muito em prótons, elétrons e nêutrons e como se assemelham com a nossa espécie, principalmente na parte em que se atraem e repelem.

— Parece-me que meu mal-estar da semana passada atingiu seu cérebro, colocando-o a pensar nos efeitos nocivos que a falta de cortesia gera na vida das pessoas.

— Decerto que sim, mas eu gostaria de estender essa cadeia de raciocínio ao nosso ambiente de trabalho.

— Eu não tinha mencionado isso contigo, mas é justamente o que eu tenho sentido! Falta-nos um pouco de urbanidade na academia. As pessoas de lá estão tão envolvidas em seus grupos que não há tempo de trocar boas palavras entre colegas de profissão.

— Será somente isso? – responde Vieira. — Assim como há certas crenças sobre os movimentos das partículas elementares do átomo, imagino que há outras a respeito da academia. E se há um remédio que a cure, é imprescindível que se proceda a um diagnóstico?

— Como não?! Se há um remédio para o que eu aponto, peço que use imediatamente.

— Mas julgo que seja mais interessante o exame do próprio diagnóstico do que a cura, pois essa depende do envolvimento de outras pessoas, afinal, o movimento dos nêutrons, a meu ver, é a chave que serve para debelar o mal.

— Agora fiquei preocupado – respondeu Antônio.

— Antônio, diria até que nosso mal tem nome, chama-se "isolamento acadêmico". Há tempos nossa comunidade tem sido governada por certas crenças políticas que crescem e crescem; ainda que a história se repita, o fundamental é encarar os fatos com perspectivas históricas, sem perder a dimensão da própria natureza humana e, em especial, o senso de que nossas motivações mais interiores estarão sempre sujeitas às condições extrínsecas que independem de nossas vontades.

— Você faz bem em colocar esse ponto, mas não seria melhor dispensar um dos termos? Não julgo conveniente colocar, na mesma frase, os vocábulos: isolamento e acadêmico, pois, salvo melhor juízo, eles me parecem contrários.

— Em nome sim; aqui, porém, ajustam-se bem, porque não dizem muita coisa, além da insensatez do segundo vocábulo quando se alia ao primeiro. Afinal, tudo parece indicar que a inteligência está adstrita ao termo "acadêmico", como uma força absolutamente segura. Todavia desconsideramos as paixões que envolvem nossas crenças, com destaque às políticas. E aí elas têm o efeito inverso do bom senso. No interior do isolamento acadêmico, no entanto, constatamos que a natureza das letras unidas pode revelar como conceitos são corrompidos pelas pessoas, justamente pelo defeito de suas crenças. Mas isso é natural, já que, citando Condillac (2001, p. 11), "por mais que os homens se elevem aos céus, por mais que desçam aos abismos, metaforicamente dizendo, eles nunca saem de si mesmos". Conceitos são formados por letrinhas que caçam um sentido lógico, porém, como o intérprete é sempre um humano e como há muita gente belicosa no mundo, é evidente que o conteúdo, a interpretação e o interesse fazem com que uma parte das palavras seja acentuada ao gosto do intérprete, dando fluidez a cada comentário na língua daquele que ganha algum proveito com ele.

— Vieira, é verdade, as interpretações estão associadas aos interesses, e a acuidade lógica é ignorada por seus defensores.

— É bom que concorde comigo, pois, como se vê, o ser humano tem suas opiniões abonadas por convicções indiscutíveis, e poucos estão dispostos a ceder ao argumento cartesiano de que é difícil ter uma ideia clara e distinta acima de qualquer suspeição acerca de seus credos. Talvez um dia, sem prejuízo de perspectivas, quem sabe, as crenças sejam vistas como elas são de verdade, isto é, como opiniões justificadas que se chamam erroneamente de conhecimento; contudo, quando lá, se chegarmos, uma coisa é certa, já não seremos mais humanos.

— Estranho raciocínio; porém é um louvor ouvir tais palavras sobre as próprias palavras, pondo em análise as crenças! Não obstante, quando se trata das políticas, parece que há uma magia nelas, já que desobedecem às regras da crítica. E uma imprecisão me deixa sempre perplexo na casa de produção de conhecimentos, em que pessoas agem sem crítica e reflexão quando o assunto é perspectiva política... há uma confusão generalizada?

— Talvez, amigo, porque, entre os prótons, elétrons e nêutrons com diploma de nível superior, tal como no povo, não se toma a política como um assunto digno de ponderação. Além disso, como uma força dominante que atraem para si os que concordam com ela, e outros que não ousam desafiá-la, a verdadeira crítica fica suspensa. As pessoas não querem se expor ao risco de serem colocadas no isolamento acadêmico caso comecem a pensar de modo distinto das que se arriscam em nome da crença dominante.

Antônio foi ao banheiro, enquanto Vieira voltou-se para si. Ele sabia que havia algo dentro de sua consciência, um valor, uma espécie de convicção verdadeira que não aceitava o engano, tampouco o mau uso dos vocábulos. Mas qual seria a motivação para que tantos indivíduos se colocassem como nêutrons, sem carga elétrica e indispostos a tomar uma posição política, depois de uma justa introspecção? Vieira tinha a consciência de que era um crente, convertido pelos conceitos, de coração entregue ao poder das palavras, prostrando-se de joelhos aos pés das ciências. Ademais, Vieira queria despertar uma perspicácia política no amigo; o mal-estar foi seu primeiro movimento contínuo para o esclarecimento político: ceder ao bom argumento. E mais: ele sabia que as boas articulações e refutações lógicas são superiores às decisões emocionais. A alma de Vieira estava convencida de que a crença tomada como uma verdade imobiliza os humanos; por isso não aceitava que, no interior de uma academia, não existissem ouvidos poderosos ou que desleixos da boa conversação fizessem surgir óbices de comunicação, o que permitia visualizar as partes invisíveis do átomo sem o recurso de microscópios. Foi mostrando a Antônio os erros da crença e da inação dos nêutrons que continuaram o diálogo. E, a cada nova cerveja com rótulo diferente, umas frias, outras não, Vieira também se percebia um nêutron que não ousava reclamar do atendimento do garçom.

Antônio retorna à mesa; Vieira diz:

— A academia promove o isolamento; observe como algumas pessoas se comportam, por exemplo, com ideias do Mestre Azib Tertúlia e, depois, com as minhas.

— Não julgo conveniente uma comparação entre duas pessoas tão distintas!

— Por quê? Eu sei bem que alguns usam a língua de modo melhor, mas o que digo serve para expor o conteúdo de um simples fato. O Tertúlia conversa com maestria e respeito acerca de qualquer tema, faz parte de sua genialidade. Ele jamais provoca ofensas a outrem, mesmo quando repele um juízo. Até em suas brincadeiras costuma ser gentil, por isso que ele é a figura ideal da ilustração que quero dividir contigo. Digamos, por hipótese, que ele, intencionalmente, solte a bizarrice de que os nêutrons têm massa igual a 8,106. 11[23]; e mais: que esse resultado tenha sido escutado por membros da ideologia dominante em uma reunião não sabida por Azib. Duvidas que ele seria recebido em tom solene? E, se não houvesse ali um físico durante a reunião e fosse preciso confeccionar uma norma que exigisse esse conhecimento, duvidas que a brincadeira do mestre Azib se tornaria um comunicado oficial? A comparação que cabe é apenas esta: por ser um som emitido por ele, os que o escutaram tomariam o dito com uma formalidade respeitosa, enquanto a contestação desse absurdo, por exemplo, de minha parte, seria ignorada. Mas deixe o Mestre Azib de lado, bem como os demais colegas, pois o ponto que queria explicitar restou claro.

— Ficou bem entendido, disse Antônio.

— Não gosto quando concordas muito comigo, a coisa que mais admiro em ti são seus bons ordenamentos, assim como se mostra um indicador das contradições humanas.

Nesse momento, Vieira percebeu uma ponta de vaidade manifestada nos olhos curiosos e gentis de Antônio. E, mais uma vez, teve certeza de que só os amantes do bom diálogo costumam ser cultuadores da dúvida e, ao mesmo tempo, carentes da verdade. O que não é comum diante do desafeto.

— Quanta honra, mas não sou digno de tal cotejamento. Há anos que não me manifesto em reuniões. Em meu coração, prefiro manter um diálogo com amigos e colegas que respeito. E, cá entre nós, não creio que haja um remédio para quaisquer questões da academia.

Ele tinha dito uma verdade, mas a principal causa desse silêncio se devia ao fato de que ele, como muitas pessoas, quer conviver bem com outras, ainda que sua consciência se sinta meio enlouquecida com as ambíguas ações dos indivíduos que pregam uma moralidade e realizam movimentos políticos contestáveis do ponto de vista ético. Ambos discordavam dessa relatividade moral, Antônio, porém, há anos se sujeita aos ditames das pessoas que batem no liquidificador da existência, com gelo e vodca, os caminhos dos vícios e das virtudes, não distinguindo bem a relação ardilosa do seu sistema de ações: os vícios de seus próprios vícios. Antônio desenvolveu uma técnica original para conviver com essas questões: a amizade dispensa debates políticos. Todavia essa era, talvez, a questão que precisava ser exaustivamente debatida na academia, pelo menos no entender de Vieira. Para ele, o problema da alteridade que corrói as entranhas da academia tinha uma motivação política. Havia uma ideologia soberana que colocava todos na caverna, cuja saída labiríntica só era conhecida pelos iniciados nos segredos políticos, uma humanidade que seria salva pelos que jogavam todos na cavidade subterrânea. Para eles, há o entendimento unânime de que o Estado e qualquer indivíduo que não aceite esse saber devem ser tratados como inimigos. É indispensável que fique sujeita à compreensão do grupo que domina a realidade social, posto que ele sabe como será o governo perfeito para os homens. Assim, há um pequeno número de iluminados, denominados de pais da causa humanitária, o coração da causa, que explica que o mundo está desmembrado em duas vertentes: a dos puros e dos impuros. É certo, porém, que tal delineamento se converge para a montagem de uma incapacidade comunicativa entre as pessoas que pensam de modo distinto, já que há somente duas maneiras: pelo lado dos bons, eles próprios, e pelo dos maus, os que discordam deles. Esse tipo de jogo impõe uma barreira, o que não permite que as pessoas troquem ideias, reflitam sobre outras perspectivas e, depois, possam se insurgir contra a percepção pregada por aqueles que dominam as instituições. Afinal de contas, eles não "curtem" objeções, pois pregam, aos quatro cantos, que sua indivisibilidade é a causa da força que alimenta a premissa de que as instituições devem ser usadas para transformar a humanidade à maneira deles.

De acordo com Vieira, eles pregam que todas as opiniões que divergem das deles estão equivocadas ou erradas, posto que eles são os únicos autorizados a compreender o sentido mais apropriado de vida que a espécie deve seguir. Conforme disse, eles se sentem como o coração da causa e estão convencidos de que são a consciência da classe; assim é imperativo que todos obedeçam às regras que eles criam. Com isso, negam o caminho que passa pela autoafirmação de outrem, recusando sua autonomia e os meios dos demais se realizarem como projeto de ser humano definido por si, mas que respeita as diferenças daqueles que lhe são dessemelhantes. E, como muitos, não são capazes de exercer seu livre-arbítrio, com uma leitura da realidade condizente com a perspectiva dos, cada dia mais, iluminados; o remédio apropriado é que a liberdade política desses muitos deve ser tutelada por uns poucos. Afinal de contas, esses sabem como promover o bem comum na condução dos negócios públicos.

— Reconheço que há alguma verdade – disse Antônio –, mas não concordo que eles agem assim como me descreve.

— Como não? A primeira ação deles é garantir a divisão de todos os colegas em tribos que, resumidamente, são os amigos, os indiferentes e os inimigos. Esses últimos devem apreender que são estranhos entre os próprios colegas, devendo os primeiros hostilizar, mas não diretamente.

— Eu devo reconhecer que, infelizmente, há essa divisão, mas a conclusão do teu pensamento é demasiada.

— Note que toda ação pensada e executada para difusão do conhecimento de uns conta com apoio irrestrito, mas quando feita pelo último grupo sofre tantos impedimentos, tantos obstáculos postos à frente de si que, em muitos casos, não resta outra coisa senão ministrar classes, relegando outras atribuições da atividade docente. E digo mais, eles imitam os mestres da humanidade que eles contestam, já que decidem quais são as ações políticas e morais válidas, as alianças nobres, as benesses, as recompensas e as punições que devem ser atribuídas aos indivíduos. Agem, finalmente, do modo que julgam eficaz, para alcançar seu objetivo maior: o domínio da sociedade. E, como são os espíritos esclarecidos, conduzem as instituições não pelo fim instituído da própria razão de sua fundação, mas por meio daquele que julgam ser o que possibilitará o alcance de seus propósitos.

— Eis uma verdade, concordo contigo.

— E, na bela visão deles, as operações [obscuras] que impedem as propostas acadêmicas dos desafetos devem ser efetivadas como se fossem apolíticas, como se houvesse algum tipo de impedimento institucional maior do que a vontade deles em permitir que o indivíduo execute bem suas ações, cujo resultado valorizaria o trabalho e, igualmente, colocaria o outro em visibilidade acadêmica – algo desagradável para eles. Com isso, conseguem que o agente fique não só contrariado, imóvel, como também submisso, contentando-se com seu isolamento acadêmico. E, o melhor (isso é maravilhoso!), por conta do sucesso da empresa, aos olhos da comunidade, todas as exigências postas diante do indivíduo devem ser vistas como alheias às vontades daqueles que tolheram a atividade. Todavia, quando o indivíduo insiste, quando não aceita morrer vivo entre os colegas, os verdadeiros chefes da aldeia, aqueles que não se mostram por uma série de motivos, introduzem os clichês que destroem reputações: "ele é de direita", "ele é louco", "ele é pastor", "ele é muçulmano", "ele é imoral". Logo em seguida, em noites de vinhos e outras manufaturas produzidas pelo sistema que juraram eliminar, nascem as frases sem testemunhas: "ficou sabendo que ele fez isso?", "não confie no que ele diz; você, por acaso, não soube o que ele fez com ciclano?". Esse tipo de orientação era chamado, no tempo arcaico, de calúnia e difamação, praticadas tanto pela esquerda como pela direita totalitária.

— Verdade, amigo! Eu já tive a oportunidade de vivenciar, duas ou três vezes, esse fenômeno que vejo agora, depois de tuas palavras, como uma ferramenta política, uma técnica usada largamente.

— Mas tem algo ainda pior: não contentes em destilar o veneno do vitupério, eles não percebem que o mal que fazem contra outros se volta contra si, o que prejudica toda a comunidade.

— Sim – responde Antônio.

— Quando observamos essas criaturas em seus movimentos, o que se constata entre seus discursos e atos? O que realmente está em jogo?

— Não entendi.

— Certo, vamos tentar entender como essa articulação repercute na saúde dos indivíduos e, concomitantemente, promove o isolamento acadêmico de alguns, propiciando a uns dominar todos.

— Ótimo.

— No que diz respeito à saúde, cria-se um ambiente inóspito ao trabalho, já que alguns são estigmatizados como nocivos, o que é, em si, uma violência ao pressuposto básico da Constituição, no item em que se afirma que todos têm o direito à devida dignidade, menos os desafetos. Ao recorrer a essa técnica política, eles fomentam a síndrome de Burnout, depressão, problemas cardiovasculares, síndrome do pânico e tantos outros distúrbios emocionais que já vêm sendo estudados por especialistas, inclusive no próprio cativeiro, sem que as vítimas, muitas vezes, se deem conta de que também são participantes da pesquisa, o que nos consente tergiversar desse ponto, deixando o resto a cargo dos peritos.

— Concordo – disse Antônio.

— Gostaria de tecer algumas considerações sobre o isolamento acadêmico não como um mal, mas como uma estratégia política para afastar qualquer oposição crítica à ideologia dominante, realizada de maneira sutil, a ponto de os pormenores não ficarem expostos numa primeira espiadela. Veja bem, no momento em que se reduz o debate político a uma luta entre viciados e virtuosos, despromove-se a ação consciente dos opositores, o que não permite que as contribuições desses sejam vistas com justiça e um estímulo à liberdade de pensamento – e como o primeiro sofreu uma campanha de difamação, cuja marca infamante é uma ferida simbólica a qual qualquer percepção política construída com argumentos lógicos desconsiderará, ainda que apresente raciocínios perfeitos do ponto de vista lógico, como o exemplo do valor real da massa dos nêutrons, atacar-se-á sem tréguas. Assim, a simples redução de que o discordante é um viciado que age contra a causa cardíaca que os une provoca uma injustiça contra outrem bem como acentua os problemas de saúde dos colegas. Afinal, os indivíduos não querem ser taxados de pervertidos na luta de construção do paraíso, sobretudo numa sociedade em que o sistema é o Estado Democrático de Direito. Ora, essa técnica de linchamento vocabular faz com que uns sejam segregados e privados de seus direitos de pensar diferente das forças vigentes. Com essa manobra, não apenas anula o discurso da oposição, como semeia uma apatia política na qual as pessoas não sentem coragem, ou mesmo disposição, de contrapor qualquer argumento. Desse modo, sequer os fóruns deliberados são frequentados, uma vez que é mais saudável ao indivíduo cuidar apenas de suas demandas pessoais, esquecendo que decisões coletivas são claramente políticas.

— Concordo contigo – disse Antônio.

— Uma vez difundida a opinião reinante, estabelece-se a desigualdade política em grupos bem definidos, nos quais os segregados não têm um juízo digno de ser apreciado, por conta da sua oposição política. A maioria que assiste a tudo não considera que esse tipo de conduta seja relevante, porque, para não ser colocada no mesmo grupo, permanece em silêncio. Assim, comparando os elementos dos átomos, no nível mais superficial, já que não somos físicos, a polarização fica entre os que dominam a máquina pública e os completamente desassistidos por ela.

— Verdade, mas por quê?

— Antônio, eu poderia montar uma longa exposição que passaria por Platão (1996, 2010, 2013), Aristóteles (1985), Agostinho (1991), Maquiavel (1994, 1995, 1998, 2017), Hobbes (1974), Locke (1999, 2006), Rousseau (1978), Hegel (1995; 2018) e Bobbio (2000), mas farei diferente, dando-te um exemplo mais simples. João Ubaldo Ribeiro (1998) ensinou: "quem manda é quem está levando vantagem". Embora uns e outros se julguem partícipes desse poder, pois os delírios agem de forma misteriosa na cabeça dos crentes equivocados, quem manda é quem tem acesso às vantagens que o sistema permite usufruir.

— Que verdade! João Ubaldo Ribeiro é um gênio – disse Antônio.

— Sim! Ainda que os discursos coletivos falem de equidade, interesse público, na perspectiva dos que reinam com a ideologia dominante, só eles têm o direito às benesses do sistema que afiançaram derrubar um dia. Veja as altas gratificações, as diárias, passagens e todas aquelas outras coisinhas que passam despercebidas por todos ou que são consideradas de importância maior ou menor para quem as desconhece.

— E eu sempre pensei que a academia fosse um navio, pronto para todos – disse Antônio.

— Mas é; e, como em toda embarcação, há o comandante, seus auxiliares e os marujos, cada um com sua atribuição. O problema é que se trata de transporte público, e eles estão sempre dizendo que o destino do navio é traçado por todos; porém os verdadeiros donos da embarcação, aqueles que escondem as suas reais intenções nos cantinhos que vão da proa à popa, já decidiram previamente qualquer rota em suas reuniões secretas.

— Acho tua metáfora inadequada; no entanto entendi bem o raciocínio.

— Deixando de lado o significado metafórico da ilusão náutica, serei direto. Considero altamente relevante que professores universitários mantenham uma consciência coletiva com as coisas e pessoas circunspectas, ocupando seu lugar ontológico e social entre suas atribuições estatutárias e a verdadeira dimensão do ser humano. Penso ainda que eles devem transcender dialeticamente a letra fria que não compreende/sente o contraste existente entre a norma feita pelo cálculo gélido e a textura conjuntiva e líquida que permeia todo o sistema vascular das criaturas que estão nos navios, postas a reboque por forças supostamente mais esclarecidas. Todavia, quando tais forças eliminam os opositores por não seguirem suas recomendações, elas igualmente promovem o isolamento do indivíduo de uma série de outros agentes acadêmicos que não concordam com as ações predominantes, mas que não querem denunciar por medo dos riscos. E não é muito difícil de perceber o quanto prejudicam a participação ativa dos docentes, como negam a condição primeva de sua atribuição: estimular uma articulação entre a liberdade de pensamento e a produção de conhecimentos. Não obstante, ao restringir a liberdade, sob a forma de patrulhamento ideológico, posto que qualquer vigilância é um instrumento de controle, obstaculizam o próprio decurso do conhecimento. As ciências, as filosofias e as religiões precisam de participantes ativos, senão, ao final, só restará ao "dragão tremebundo" – o braço de ferro autoritário – carcomer as consciências vazias. Se uns mandam, e outros gostam de ser bajulados, prefiro me posicionar na classe dos que contradizem a promessa de paraíso, vendida pela rainha dos ideais mortos,

— Realmente você está contrariado com esse domínio!

— E como não, Antônio? Esse é o ponto nevrálgico dos contornos sinuosos que só geram equívocos administrativos e, simultaneamente, proporciona o isolamento acadêmico que gera o inferno de não saber conviver com outros. Faltam-nos um sentimento republicano, uma sensibilidade em relação à urbanidade e, de igual natureza, o rompimento com a tradição patrimonialista que introduz a cordialidade que divide servidores públicos entre afetos e desafetos, prótons e elétrons.

— Bem dito, amigo.

— Quem não se encaixa na forma deles é considerado um professor marginal, como um portador de vícios ruins que deve se sentir constrangido dentro da academia; afinal de contas, ela pertence ao grupo vigorante, e quem discorda dele não é bem-vindo nela. Não foi uma ou outra vez que assisti a bons professores desistirem da vida acadêmica no sertão por conta do patrulhamento ideológico, instrumento eficaz para o isolamento acadêmico. Aliás, já percebeu que muitos foram formados aqui? O que passa a ideia desviada e antirrepublicana de que o cordão umbilical ainda não foi cortado (e não será!). Assim como eles têm uma visão prometeica do paraíso na academia que esculpiram para si, tudo o que escorre daquele liquidificador ideológico é produto de paixão, de uma ordem social que legitima quaisquer ações feitas contra seus adversários.

— Disse bem, Vieira. À maneira dos devotos da Idade Média, eles estão ligados a uma sociedade em que apenas os idênticos a eles são dignos de trabalharem ao sol na academia, embora eles não percebam o ilusório jogo da ditadura que promovem com o isolamento acadêmico dos desafetos, comprometendo a saúde de todos.

— Perfeito juízo. E eles tomaram o poder para modificar as formas de domínio que julgavam injustas.

— Sim, mas se lembra, lá atrás – disse Vieira – da imperiosidade de interpretar os fatos à luz do contexto histórico? É também preciso recordar que as motivações da humanidade são as mesmas em todos os tempos, a imutabilidade da natureza humana é concreta, o que faz com que as paixões sejam espertas.

— Como superar esse mal?

— O mal – Vieira faz um pouco de silêncio e continua – estará presente em nosso temperamento, mas podemos amenizá-lo com a substituição da vontade dos homens pelo império das leis. Com isso, digo que os dominantes não só devem seguir as leis, como serem exemplo de seu cumprimento. E, toda vez que uma lei for modificada para prejudicar um desafeto ou beneficiar um afeto, será um sinal da corrupção dos valores dos homens. Por fim, esse detalhe indica, com clareza, que uma facção doma as instituições, sendo um dever dos nêutrons sair da passividade.

— Concordo; creio que devemos ser justos e sensíveis com o fim último do conhecimento e da função logística da academia: estimular a consciência cidadã de todo aquele que entrar no navio. Talvez, uns não gostem de água e prefiram caminhar, enquanto outros, mais ousados, querem voar; todos, porém, podem embarcar e desembarcar ao sabor e cores dos portos em que atracarem, bem como desenvolver atividades condizentes com o bilhete que lhes permitiu serem membros da tripulação e, principalmente, gozar de isonomia com seus pares. Convém ainda recordar que a natureza humana é, historicamente, pérfida; portanto não há princípios que não possam ser corrompidos pelos interesses.

— Perfeito – disse Vieira.

— De qualquer modo ou aspecto que se analise, é bom que saibam que toda ideologia dominante é conservadora, ainda que se diga revolucionária na sua origem. Aliás, Platão (1996) já havia dito que os vícios da natureza humana são a causa de governos imperfeitos. Assim, o bem-intencionado revolucionário de ontem, graças à índole concupiscente, será o tirano de amanhã. Sem dúvida, somos partículas do átomo social, e cada indivíduo faz parte de uma engrenagem. Os dominantes não podem se espantar com os que pensam diferente, pois, sob o poste de sua iluminação, a luz permite saltos aos elétrons. Ademais, se promovem o afastamento dos que pensam distintamente, não são mais do que panfletários de uma propaganda prometeica. E, se assim insistem em isolar a um e a outro, não entendem o quanto tal prática é antiacadêmica dentro de uma instituição que, em si, exige a tolerância dos diversos tipos de pontos de vista. Diferentes dos prótons, elétrons e nêutrons que são entidades sem consciência, a dimensão crítica da oposição deve ser exaltada, não reprimida.

— Parece-me que chegou ao ponto. Garçom, traz mais uma cerveja. Minha garganta secou com o belo final desse teu raciocínio. Agora já posso saborear o malte ao lado do amigo.

ASSEMBLEIAS, MOÇÕES E SOLIPSISMO POLÍTICO E ÁRDEGO, COM DETERMINAÇÃO PSICOLÓGICA RECALCITRANTE

  Quinta-feira, dezessete horas e quatorze minutos, e as pessoas louvam a si próprias ou acusam outras. É sempre assim nas tardes nordestinas, principalmente em dias de reuniões sindicais que são realizadas quando se acentua a escassez de chuvas. Por conta disso, o calor ganha contornos inusitados nas mentes e corações humanos. Nesses encontros que reúnem trabalhadores da mesma profissão, independentemente da categoria, as emoções mais grotescas ganham espaços e exercem uma atração à parte nas argumentações dos oradores. A cada pronunciamento, tem-se a sensação de que a morte está chegando. A voz profética apregoa a boa vitória conquistada com as últimas ações do grupo coeso, ao mesmo tempo que profere que o malogro total ocorreu pela não participação efetiva da maioria. Com essas verdades, expõe os impuros e, igualmente, ensina-os a serem silentes quanto a propostas divergentes da direção. Só os puros sabem o caminho da salvação. E não há outro a quem se atribua mais valor do que o que dedica sua vida à causa sindical.

  O calor aumenta, o ar-condicionado não suporta o número de participantes, e o orador, desconsiderando o mal-estar provocado pela temperatura elevada e pela falta de chuva, mantém sua fala com vistas a educar, contando como os filiados cheios de virtudes enfrentaram as forças de segurança, enquanto os impuros, em um ato de total ingratidão com o esforço daqueles, decidem se saem agora ou daqui a pouco da reunião.

Há três horas, começaram os informes da assembleia, e Efraim e Gideão, por conta das concessões que só uma amizade verdadeira proporciona, discutem perspectivas políticas, como se estivessem em uma convenção imaginária, convidados pelos presentes para escutar os fundamentos de suas próprias crenças.

— Você não tem sensibilidade política – disse Efraim.

— Como não! Ao meu sentir estético, eu diria que tu não percebes os paradoxos interiores de tua perspectiva esquerdista de criticar a direita e gozar dos benefícios produzidos pelo capital – respondeu Gideão.

— Que progresso fantástico – ironizou Efraim e retrucou –, se a vida humana não fosse crítica e completa nesse sistema que prioriza apenas o lucro, eu seria obrigado a me ver em uma inexorável não existência. Mas, sendo crítico, fui levado a desnudar as vestes que escondem a realidade que iludem meus olhos para perscrutar as verdades das coisas que não aparecem diretamente às retinas. E, ao descobrir que uns têm acesso a todos os recursos naturais às custas de outros, no tribunal de minha consciência, deixei de ser uma testemunha que favorece o lobo; deixei de ser um operário que cuida do galinheiro para viver de sobras. Diferentemente de ti, eu luto pelo homem individual, mas também por uma ideia universal de humanismo transformador; uma que permita a distribuição igual de tudo para todos. Espero que, ao final desta batalha, o próprio sentido de ser humano consumido pelo mercado deixe de existir e que, junto a meus companheiros, levemos uns à morte para o bem de muitos, promovendo o renascimento de uma nova espécie de ser.

— E quem comandará essa nova sociedade? Qual será a pedagogia ensinada às novas criaturas adâmicas?

— Primeiro – retrucou Efraim – trata-se de um ser puro, sem qualquer vestígio de um criador transcendente. Portanto, sem vícios. O arauto não carregará fardo algum da tradição cristã.

— Como não? Por trás de qualquer projeto HOMEM, há sempre uma criatura primitiva escondida, vivendo nas suas idiossincrasias e julgando que a maçã do vizinho é mais saborosa que a sua. As relações sociais e a educação podem domesticar o homem, mas, no fundo, abaixo do fundo, lá, bem abaixo do fundo, há arquétipos inconscientes que teimam em renascer em cada criança que vem ao mundo, contestou Gideão.

— Tu não percebes a essência da revolução, não sabes que a esquerda que represento tem um saber único que foi inspirado pela verdade do tempo que descobriu que essa é mais uma ilusão que o capital vende para a inação dos operários. Essa mentira difundida pelas instituições burguesas leva o homem ao recolhimento de si, prendendo sua existência à ideia de possuir coisas, sempre mais coisas, organizando sua vida psíquica na idolatria de consumir produtos. Todavia, ao lado desse desumanizar-se, põe-se em marcha a libertação do homem velho com suas fantasias burguesas. Eu sou um gladiador da liberdade, mesmo que não entendas bem esse detalhe. E, como gladiadores em tempos coevos, lutamos dentro do circo do capital, sob o olhar dos romanos que se divertem com nossos embates contra suas feras, que, na verdade, são nossos coirmãos usando suas fardas com armas, cassetetes e sprays de pimenta contra seus libertadores. Tudo bem, eu aceito as contradições desse mundo de conviver e lutar para libertar o homem em uma situação em que o submetido à dependência do outro me oprime e não percebe que é escravizado por outro e que eu sou aquele que luta por seus direitos, aquele que o liberta. No entanto uma coisa é certa: a sorte do dinheiro está com os dias contados!

— Não há dúvidas de que muitos estabelecimentos hospitalares têm recolhido profetas com perturbações mentais parecidas – ponderou Gideão.

— Louco? É assim que me chamas? Mas quem alimenta o sistema que consome teu fígado és tu! Não percebes essa realidade?

— Eu sou o realista aqui! A humanidade é obrigada a reconhecer a inteligência da verdadeira mão que a libertou dos mitos, das forças sobrenaturais e, a contragosto da esquerda tosca e tonta, tem fornecido às pessoas um mundo cheio de prazeres perceptivos a todos os anseios, permitindo, inclusive, que os loucos alimentem suas próprias ilusões. E – continuou Gideão – foi a direita que gerenciou e criou o mundo para as pessoas irem em busca de seus interesses, com suas verdadeiras virtudes, e virtudes reais, e não esse monte de palavras vazias que tu usas para encantar ouvidos com todo o tipo de "neuronites" e outras patologias utópicas que suscitam esse drama de consciência nas almas despreparadas para teu canto de sereias. Até mesmo o analgésico que te alivia as dores e o Rivotril que me ajuda a conviver contigo são produtos da direita, que vive o mundo real para que eu possa continuar te escutando e tu se enfureça na contradição administrativa de tua irrealidade: até mesmo ela é permitida aqui. Somente esse estilo de vida te concede a liberdade que te damos para tramar contra nós.

— Enganas-te em sustentar essa equivocada posição – disse Efraim. Claramente não entendes que a missão do Estado que defendes é moldar as pessoas para que se sintam felizes e boas, tornando-se, assim, cidadãos exemplares e inativos quanto às ações políticas. É preciso compreender o sistema para entender como ele age no psicológico dos indivíduos por meio das instituições, moldando um perfil acrítico e passivo. Ao aceitar a existência das coisas como estão, começa-se a imaginar que o mundo social obedece a uma ordem natural; logo qualquer ação é inútil.

Nesse momento, Schibboleth Silva de Israel interrompe a discussão e diz: — Amigos, por acaso viram Stigmata das Leges por aqui? Na entrada, contaram-me que ele estava perto de vós. Espero que ele retorne, pois conversar com Stigmata é sempre uma gratificante atividade intelectual para nós três. E como sabem, eu me encanto com essas discussões filosóficas e acadêmicas. Por isso, assisto com gosto a vossas posições e perspectivas, mas preciso apontar algo que me incomoda neste diálogo; e se insisto em dizer isso, não é para ofender ou abrir outras feridas entre vós, senão pelo bem da verdade, posto que sou um fiel cativo das suas consequências, mais que de floreios retóricos. Colocada essa ressalva, salvo melhor juízo, não entendi bem quais são os paradoxos apontados por Gideão, tampouco como a liberdade concedida pela direita a Efraim é um presente. Por favor, poderiam me explicar o que cada um tem a oferecer ao outro em argumento para defender suas posições políticas?

— Efraim não entende de fatos, Chiboleti – disse Gideão. A esquerda adora a presença da idealidade, dos sonhos e, com base nesse pressuposto, corrompe gerações de jovens com a verbalidade esquerdoide. A direita lida com fatos. Não há nada além dos fatos em suas argumentações! O mundo que temos só é bom porque nós, a direita, lidamos com o mundo real, enfrentando os problemas que se apresentam sem se furtar ao combate. Nossa ingerência sobre as coisas exige que as estudemos em sua plenitude. Os fatos são reais. Usamos réguas, matemática e concreto, enquanto Efraim usa palavras vazias que falham quando o invisível de sua retórica não encontra precedente na história.

— Pode até ser – devolveu Schibboleth. — Não obstante, não quero defender uma neutralidade axiológica; sou, provavelmente, um amante das palavras que louvam o mundo real e paquero as quimeras por entender que o pensamento metafísico faz parte do mundo. A flor é um fato, mas, sem uma contribuição conceitual que alie fato a valor, perde-se qualquer construção de beleza estética, e o mundo sem beleza merece ser destruído. Busco uma sincronia entre o fato e o valor mediante os conceitos, pois só unindo palavras, para empregá-las de modo eficiente nas relações humanas, há motivo para construir um novo mundo, como pensa Efraim. Não quero, porém, edificar essa nova sociedade com sangue. Quero que minha voz leve a mensagem de paz e mudanças, ou, melhor, mudanças e paz!

— Impossível! – falou mais alto Efraim. — O espírito do novo é plasmado no sangue da burguesia!

— Pode até ser – disse Schibboleth –, mas uma coisa me preocupa muito no tocante a rupturas forjadas no sangue: o ódio. Esse deixa marcas insuspeitas que dormem na ingenuidade do tempo; principalmente em alguns corações insurretos. Alterações bruscas e profundas são semeadas com o adorno do ódio. E nada de bom, absolutamente nada, cresce se fertilizado com esse sentimento. Não digo que, entre os revolucionários, não haja pessoas de valor, dispostas a contribuir com o próprio sangue para formar um mundo novo; porém toda revolução é feita de seres humanos contra seres humanos. E a história já tem uma tradição que, ao fim e ao cabo, não é boa. Entre tantos humanos, há sempre um conjunto de aventureiros que apenas seguem o fluxo dos acontecimentos e se moldam à nova realidade para garantir suas benesses. Desse modo, Efraim, peço prudência a ti. E quanto a ti, Gideão, o mesmo. Os acréscimos de bens materiais são bem-vindos; contudo, se o sentido da existência é o acúmulo de coisas, cá entre nós, supérfluas, não seria outra ilusão viver na busca constante do consumo? De mais a mais, tantos os novos construtores, como os velhos dominadores, trazem consigo os instintos primitivos que, mesmo vigiados por qualquer sistema eficiente, ao final, sempre conseguem um jeito de colocar seus interesses em marcha, seja em qualquer "ismo" que se organize à sociedade. Faz parte de nossa natureza humana corromper qualquer criação, basta lembrarmos a expulsão do paraíso. Adão não trazia uma história consigo; todavia, no seio de sua constituição, trazia a concupiscência – imagine o mal que deixou de herança aos seus filhos? Dessa maneira, eu digo que até os melhores humanos se corrompem ao perceberem as circunstâncias concretas das relações sociais e, mais ainda, ao entenderem que os maus conseguem lidar melhor com os obstáculos da vida prática do que os justos. E, mesmo que a educação esteja voltada para valores supremos, ao final, como cada criatura que vem ao mundo chega coberta de ignorância e impulsos primitivos, o que exige uma educação constantemente diligente, sempre há quem escape e não valorize bem o que é fundamental para todos, já que, graças ao elemento primordial de nosso primeiro ancestral, somos incapazes de correção moral. Daí que qualquer processo revolucionário é feito por homens falhos, frutos de um ser decaído e amalgamado de luxúria, estando fadados ao pecado da carne. E, cá entre nós, esse apetite é impossível de ser saciado. Quanto a ti, Efraim – continuou Schibboleth –, consideras o que eu disse e se envergonhe de levantar o punhal contra a multidão que queres salvar.

— Como assim?

— Isso mesmo, tu queres salvar o mundo matando parte das pessoas que contestam tuas posições políticas. Esse é o teu primeiro paradoxo: não aceitas o diferente! Tu consideras o homem burguês domesticado pelo sistema, por conseguinte, degradado naquilo que tem de mais humano; por isso, tu desejas uma mudança que só poderá ocorrer eliminando-se instituições e pessoas contrárias ao íntimo de tuas convicções. Tu és um mestre que liberta o escravo para escravizá-lo em tua nova corrente. E a submissão será total; afinal de contas, qual é mesmo a tua posição e por que julgas que a tua escravidão é melhor do que qualquer outra?

— Simples – disse Efraim –, quero o fim das instituições que prostituem o homem, fazendo-o vender seu corpo e sua alma a um sistema econômico que apenas o explora, não lhe permitindo ser um Homem Pleno.

— Bela propaganda de esquerda! No entanto como farás isso? – perguntam, ao mesmo tempo, Gideão e Scibboleth.

— Primeiro, eliminamos todos os burgueses. Depois, suas instituições. Ou, melhor, destruiremos tudo conjuntamente!

— Só os burgueses? E aqueles que não são burgueses, mas que defendem posições que justificam a vigente sociedade? É preciso lembrar que eles foram domesticados para reproduzir o que a sociedade lhes ensinou; assim não podem ser apenados por responder às forças que, desde a tenra idade, conformaram-lhes para serem desse jeito.

— Mandaremos para um campo de treinamento educacional para libertá-los de suas ideias equivocadas – asseverou Efraim.

— Há estudos e investigações teóricas sobre o sucesso desta pedagogia? E quanto tempo dura esse ensino? – perguntou Schibboleth.

— O tempo que o educador-moral julgar necessário para converter o aluno dos valores equivocados.

— E quanto aos mais resilientes? Os que não quiserem mudar? – indagou Schibboleth.

— Esses serão encaminhados para um campo de trabalhos forçados até que, cansados, mudem de ideia, ou, atendendo ao chamado dos seus antigos deuses, sejam conduzidos para o descanso eterno.

— Esse chamado será natural? – interpelou Schibboleth.

— Na maior parte das vezes, sim; todavia, em outras, como no caso dos perseverantes mais soberanos, um projétil esférico e metálico poderá ser usado para a referida condução.

— Que belas palavras para justificar o assassinato por disparo de arma de fogo – ironizou Schibboleth.

— Já são 18h23, e até agora não sabemos por que alguns são contrários à moção de apoio – disse Efraim. Por que não aprovamos? Esse pró-reitor de políticas afirmativas é de esquerda.

— Eu sou contra – confessou Gideão – justamente porque ele é de esquerda.

— Então – afirmou Schibboleth – vocês têm uma opinião contrária porque o sujeito é de esquerda. Afinal de contas, o que é ser de esquerda?

— A esquerda é uma patologia – manifestou Gideão. — O contrassenso atrativo dela é igualar as pessoas que são, por natureza, distintas. Basta conceder direito político para cada um; os demais que consigam com suor e empenho.

— É uma ignorância quase esquizofrênica – falou Efraim. — Ser de esquerda é ser pelo fim das desigualdades e, simultaneamente, promover ações que garantam condições sociais para que os mais despossuídos tenham as mesmas chances dos favorecidos. Não é suficiente apenas ter direitos políticos, é imprescindível abonar direitos sociais.

— Começou com as palavras bonitas para ouvidos de uns e dores de outros – contestou Gideão. — A cada vez que um governante cede ao delírio dessas palavras, eu sinto meu bolso sangrar com o desvio de meus impostos. Eu acredito que a natureza tem sua própria maneira de agir, permitindo que cada pessoa se realize pelo seu trabalho.

— As diferenças são abissais – disse Efraim –, e, sem a presença de um Estado intervencionista que promova ações concretas para diminuir os obstáculos que o próprio sistema cria, tais diferenças tendem a se agravar ainda mais, já que o lucro sempre segue o dinheiro; esse fica com poucos.

— Se entendi bem – pediu a palavra Schibboleth –, Gideão acredita que uma força interna organiza a sociedade e que não compete ao governo fazer ingerências para eliminar as desigualdades, sendo necessário apenas que cada um se dedique a realizar seu projeto pessoal que, no fim do processo, todos terão os benefícios que desejam. Já Efraim acredita que o Estado serve aos que dominam a sociedade, portanto é preciso tomá-lo e, da mesma maneira, promover o fim das desigualdades. Correto?

— Concordo! – disseram os dois em uníssono.

— Ótimo, é evidente que cada um tem uma lógica para sua sociedade perfeita e que, no tocante ao resto, não importa o quanto discutam, há um "solipsismo político e árdego, com determinação psicológica recalcitrante" entre vocês!

— Que diabo é isso? – perguntou Efraim.

— Não sei o que é isso! – disse Gideão.

— É o resultado da minha análise sociológica dos discursos de vocês – falou Schibboleth. —A forma como debatem suas opiniões está comprometida pelo entusiasmo que cada um tem pelo som de suas próprias palavras e pela ojeriza aos vocábulos do outro. Por conseguinte, não vejo como evitar a paixão que nutrem pelo chiado das letras dos outros a ponto de usufruírem os benefícios de uma conversa entre vocês. Vamos votar na pauta da moção?

— Sou contra – disse Gideão.

— Sou a favor – falou Efraim.

— Senhores, permitam-me pensar em outro assunto.

— Sim! – responderam juntos.

Então começou Schibboleth:

— Gostaria de falar sobre as moções. Assim, digo que qualquer um que explora, com detida atenção, o espaço político sabe que as cartas são sabidas bem antes de colocadas sobre a mesa. Os idealistas puros lutam por suas crenças, que, bem compreendidas, não passam de juízos de valor alicerçados em sua imaginação. Tanto a tradição quanto o mundo real escondem isso porque querem colocar a arte política como algo sem risco, algo que tem uma responsabilidade moral transcendente. Mas, ao revisitar as particularidades do jogo político, percebe-se que uns estão mais conscientes da competição e, assim sendo, não estão ali por entretenimento. Outros idealistas puros (fundamentalistas) discutem esse assunto a partir de suas convicções sobre a natureza humana, bem como sobre quais são as redes de obrigações e direitos que as pessoas têm entre si. Suas muitas discordâncias lotam as bibliotecas das ciências humanas. A tradição e o mundo real também escondem que esse profícuo diálogo não importa no ordenamento das vacas e no preço da carne no açougue. A humanidade, dificilmente, identificará as diferenças sutis entre ideias e ações. E, sem esse entendimento, as próprias razões das coisas se ocultam...

— Que coisa bonita de ouvir – disse Efraim.

— Concordo com Efraim – balbuciou Gideão.

— Como sabem, a moção é um instrumento proposto em uma assembleia que, uma vez aprovado, dirige-se a favor ou contra uma pessoa ou causa. Então, trata-se de um objeto que visa a uma execução política, mas, ao mesmo tempo, cumpre uma função social e também moral. Verifica-se que, nas entrelinhas do instrumento, pretende-se atacar, agredir alguém ou algo com palavras escritas em um documento público. O resultado depende, em grande parte, do insultado, pois, ofendido, pode revogar alguma atitude anterior por receio da opinião pública, injúria ou arrependimento. Enfim, sendo uma arma política, resulta numa ação de responsabilidade, histórica, que nasce de uma oposição à concepção de homem ou de tudo aquilo que se oponha ao projeto de humanismo cívico, sendo condição ímpar para se conviver em sociedade. Nesses termos, mesmo havendo moção de louvor, constitui-se numa inflexão decisiva; sua função é enaltecer algo que já possui o julgamento favorável de outrem.

— Xibolete é de esquerda – falou Efraim.

— Pelo contrário, senti o discurso de conservador da direita – exprimiu Gideão.

— Gostaria de continuar – disse Schibboleth. — De modo ilustrativo, vejam como as assembleias de estudantes agem com aprovações de moções contra os professores e contra o governo. As dos docentes: aprovam moção contrária à reitoria e à política educacional da administração. As dos portuários: moção adversa ao ministro do meio ambiente, objetando as novas medidas do ministério. As das igrejas católicas: desfavoráveis ao "liberalismo" (sem conotação econômica) das novas eras. As das igrejas pentecostais: contrárias à tolerância às religiões africanas. As dos amados abandonados: avessas à dominação do amado que, em seguida à sujeição conquistada, abandona o amor. As dos esportistas: contra as inconveniências às regras do jogo. As dos...

— Em geral é desse jeito – declarou Efraim.

— Por conseguinte – continuou Schibboleth –, esses exemplos comprovam o argumento de que a confecção do texto atende exclusivamente ao proponente da moção. Pelas próprias razões do público que forma as reuniões, o alvo da moção não pode se incomodar com esse ato unilateral, pois sabe que as palavras estão enraizadas na crença de que o poder está legitimado em mãos do grupo que controla a multidão da assembleia e, em simultâneo, sente que esse é o ato mais efetivo da sujeição dos dominados: solicitar consciência do uso do poder ao dono do poder. Voltemos ao primeiro parágrafo; não, vamos continuar.

— Gostei de sua lucidez – Chiboleti, declarou Gideão.

— De qualquer modo ou aspecto que se analise a aprovação de uma moção – disse Schibboleth –, se bem entendido, o tópico segue sempre a ideia de contrariedade, uma espécie de instrumento que procura inutilizar uma ação, vingar, delatar uma atitude da governança. Em bases finais: vomita uma insatisfação de um grupo contra outrem. Fora os gracejos, e até mesmo a pilhéria sobre um tema seriíssimo, muitas vezes a moção perde seu significado, porquanto se tornou uma troça, uma brincadeira. Imaginem se, de repente, algum partido de fascistas assumisse a direção de um país com poderes totais ou, mesmo, democráticos; imaginem, ainda, que um indivíduo que sempre ocupou posições privilegiadas dentro do partido conservador, e que agora foi afastado por seu comprometimento com essas forças, solicitasse uma moção de repúdio contra o seu estado de desemprego atual. Afora a inversão estranha de valores desse sujeito colocado à margem da política, com um conservador se queixando contra o governo (cuja política liberal defendia a dinâmica do antigo governo), e outro (cujo programa protegia o trabalhador) sem dar importância a esse pedido. A grande retórica começa a mostrar sua face por trás desse "instrumento", cujo crédito ganha contornos inusitados nas mãos dos idealistas puros e extra puros. Voltando ao caso anterior, tal moção deveria ser encaminhada aos novos líderes que compõem o governo e que, porventura, poderiam solucionar a celeuma do desempregado. Pergunta-se: qual seria o espanto e, por conseguinte, a atitude do destinatário? Acredito que seja desnecessária qualquer especulação moral quanto ao assombro do sujeito que não teve, sequer, uma resposta respeitável para sua missiva por parte do governo recém-empossado. Questiona-se então: qual o desempenho desse organismo, ou melhor, qual sua interpretação?

— Agora eu fiquei confuso, Chiboleti – declarou Gideão.

— Isso mesmo, ficou confuso porque sentiu na pele o que sua gente faz, cotidianamente, com as reivindicações dos trabalhadores – expressou-se Efraim.

— Senhores, calma. Atenção ao assunto – continuou Schibboleth. Sendo assim, as moções deveriam ser abandonadas?

— Evidentemente que não! – respondeu Efraim.

— Contudo – retomou a palavra Schibboleth – é preciso repensar o tema e seu limite em provocar litígios. Fracionar a infelicidade que se transformou num relevante utensílio é desembaralhar seu próprio valor. Afinal, não sabemos o que é mais importante: descobrir por que uma moção será feita, ou entender por que a moção não cumpre seus objetivos. Em troca, podemos renovar o papel da ferramenta.

— Você tem razão – concordou Gideão.

— Por sua natureza – prosseguiu Schibboleth –, as moções são redigidas em folhas de papel e, destarte, seria interessante aos edificadores de moções ter conhecimento de quantas folhas de celulose são necessárias (ou gastas) para confeccionar atos contrários. Talvez, até uma moção contra as moções, tendo em vista que algumas árvores são mortas, todos os dias, para se transformar em folhas de papel que serão utilizadas de várias maneiras – algumas nobres, outras, não. Existe um crime ecológico por trás de muitos documentos, e talvez aqui esteja mais um, mas alguns adeptos de moções ainda precisam se conscientizar contra os seus inimigos, contra os seus contras.

— Agora que você levantou a questão, é verdade – manifestou Efraim –, um verdadeiro crime ecológico.

— Dir-se-á – seguiu Schibboleth –, nesse aspecto, que alguns membros que partilham dessas ideias são favoráveis ao conservadorismo, que optam por uma ditadura, que preferem o silêncio diante da exploração ao futuro incerto pela mudança. Talvez alguns não consigam enxergar que o tema foi exaustivamente mal explorado e que, pela primeira vez, solicita-se a abolição de uma prática tão equivocadamente interpretada. Dir-se-á, também, que o pensamento não suporta mais o famoso: FORA, FORA JÁ, Fora, fora, fora... Já é manifesto que algumas categorias sofreram uma perda considerável dos seus quadros, pois não suportam a discussão, a ditadura de algumas facções, a imensa maioria que controla as assembleias, porquanto não entenderam que a democracia é a vontade da maioria, mas que essa vontade tem que respeitar as minorias, ou, então, torna-se totalitarismo de uma certa maioria.

— Tenho que concordar contigo, resignado falou Efraim. De fato, sou culpado desse crime. Tenho promovido estranhas perversões com alguns colegas que aparecem nas reuniões. Longe de ser alheio aos seus sentimentos, sou até nocivo na escolha de minhas palavras, embora, ao ouvido descuidado, soe adventício: "você aqui? O que tá fazendo!?".

— Maldade, pura maldade – recuperou o discurso Schibboleth. Aliás, aproveitando sua confidência de culpa, creio que, antes de qualquer coisa, é necessário realizar uma avaliação das assembleias, dos chefes, dos limites, da constituição dos quadros e do inimigo que se enfrenta. Mais do que nunca, é preciso expulsar a ideia de que não pode ocorrer uma luta intestina nos painéis das assembleias. E mais: é imperioso banir os discursos megalomaníacos que caracterizam algumas reuniões, até mesmo a ordem das falas (note que sempre são as mesmas e numa ordem quase combinada).

— Agora que disseste isso, se bem que não havia tanta precisão, parece-me que é assim mesmo como descreves. Sempre são as mesmas pessoas que falam em uma espécie de ordem – comentou Gideão.

— Voltemos o foco para as moções e a forma como ocorrem as assembleias, principalmente o debate com as vozes discordantes da direção sindical. É imperativo encarar tais discussões nesse mesmo espaço, pois é o único lugar no qual a transformação ocorrerá; nesse sentido, seja experienciada a duplicidade do sentimento, em conviver com a utilidade e a inutilidade da assembleia.

— Sou de acordo – disse Gideão.

— Também concordo – afirmou, com uma voz fina Efraim.

— Se a gente olha com a merecida atenção, constata-se que muitas pessoas não diferem tanto na defesa das mesmas conquistas; as diferenças acontecem na escolha dos meios de luta, o que mostra que as vozes publicizadas não são proferidas com vieses ideológicos da direita. Por exemplo, não escutei Gideão, ou qualquer outro, defender uma perspectiva de direita abertamente na assembleia – prosseguiu Schibboleth. Isso exposto, vive-se na dicotomia das esquerdas, pois em assembleias só existem esquerdas, e é preciso modificar o ambiente privativo da reunião em espaço público, findando a elitização de grupos conservadores no local, por excelência, revolucionário.

— Concordamos – disseram Efraim e Gideão.

— Que coisa engraçada – falou Schibboleth. — Vocês tiveram a mesma opinião; e o mais estranho foi que usaram o plural sem combinar antes. Que coisa!

— Quanto aos debates – retomou Schibboleth –, não se pode excluí-los das assembleias; é natural, é benéfico e engrandecedor para o espírito crítico. Além disso, se há direita, há esquerda. Uma não vive sem a outra! Tampouco há um elixir ou qualquer espécie de medicamento miraculoso que possa solucionar a questão. Só mesmo delirando na duplicidade – em meio aos "foras", distribuídos por aqueles que só seguem as ladainhas unilaterais de egos hiperdesenvolvidos, ou seja, no meio daqueles que não exercitaram os tímpanos para perceber o diferente, e no seio do público privatizado dos grupos e apaixonados em salvaguardar uma nova era, que servem ao serviço de êxodo das assembleias – poderemos mudar alguma coisa.

— Concordamos contigo!

— Parece que, enfim, estamos superando os chiados que meu nome ganha com suas falas e, por conseguinte, vencendo o "solipsismo político e árdego, com determinação psicológica recalcitrante" que impedia o bom uso sonoro das palavras que une em harmonia lábios e ouvidos. O teórico e o prático, o realista e o idealista fazem bom uso das palavras. A força dos vocábulos leva a uma boa produção de emoções e à transcendência de ações que transformam o mundo. Começo a ter um otimismo em vós.

— Bem lembrado – interrompeu Efraim. — Tu não disseste o que significa esse conceito tão estranho.

— Daqui a pouco direi – retomou Schibboleth –, mas, pensando nos vieses ideológicos negados nas assembleias, antes de recorrer a uma droga que realize a despersonalização das assembleias e possa colocar as verdadeiras questões que unem as classes em torno de uma questão, aparentemente, só restaria a violência; esse, contudo, não é o caminho aconselhável tampouco, criativo; no entanto, com discursos do tipo FORA e, sobretudo, elaborados por sonhos pequeno-burgueses, não se consolidará muita coisa.

— Concordamos contigo.

— Por fim – retomou o discurso Schibboleth – cabe lembrar que algumas lutas necessitam de bandeiras e também de símbolos que representem suas pugnas. Assim como o futuro representa um horizonte a ser palmilhado na construção democrática, que alhures patrocinará condições econômicas estáveis, segurança, educação e outras "cositas más". É preciso entender que alguns partidos que hoje se encontram no poder têm seu lado público pautado em belos símbolos da natureza, mas, em seus gabinetes, desvelam o verdadeiro emblema quinhoeiro no lápis. Afinal, com uma borracha do lado se apaga tudo com "quilate".

— Isso é verdade pura – avançou. — Temos os trabalhadores no poder local, mas, no que diz respeito ao compromisso fundamental com a classe trabalhadora, quer se trate das leis aprovadas, de diálogo, de valores, quer se trate de palavras comuns, vivemos distantes. É de boa-fé que alguns companheiros ainda acreditam que eles representam o povo; e outros digam que não. Portanto, caros, antes de mover moções do tipo contrário a alguma coisa ou ato, pensem nas árvores, no crime ecológico e, especialmente, no destinatário da queixa, pois tanto a tradição como o mundo real têm uma ideia confusa quanto ao uso do instrumento. Uma coisa é certa: sem moções, as assembleias terminam mais cedo.

— Concordamos – disseram juntos mais uma vez.

— E o que é solipsismo político e árdego, com determinação psicológica recalcitrante"? Querem saber?

— Como não?! – falaram juntos mais uma vez.

— Esse conceito se parece mesmo com meu nome em vossos lábios. Meus pais me chamam de Scibboleth, mas tu, Efraim, diz Xibolete; já tu, Gideão, pronuncias Chiboleti.

— Não é a mesma coisa? – falaram juntos.

— Antes, uma pergunta: já se decidiram sobre o voto da moção?

— Eu sou a favor – respondeu Gideão.

— Eu sou contra – retorquiu Efraim.

— O significado do meu nome seria importante se suas falas fossem desinteressadas e em busca de objetividade. No entanto as simplificações não servem aos interesses de suas polêmicas, assim vos digo que Schibboleth, xibolete e Chiboleti é a próxima dança do carnaval baiano. Ela procura separar as comunidades por conta dos chiados na pronúncia dos "xis". Se duvidam, um após o outro, falem essa palavra em alto som. Vamos deixar essa assembleia? Vamos saborear uma cerveja? Esse ponto da moção ainda está em discussão, e não será tarefa nossa eliminá-lo. Tal como um Schibboleth/Xibolete/Chiboleti, é fácil diagnosticá-lo, mas os riscos para abandonar nossas convicções constituem uma estranha e perturbadora força que, já presente no interior do homem adâmico, perpetua-se independentemente das vestes que use.

DIÁLOGO ACERCA DA INJUSTIÇA

Stigmata Oliveira das Leges: — Saudações filosóficas, amigo Olin! É, seguramente, um enorme prazer encontrá-lo esta manhã, no dia posterior ao diálogo entre Efraim, Gideão e Schibboleth[2]. Eu estava sentado, algumas cadeiras depois deles, mas, como conversam alto, preferi me manter distante. Pensei em me aproximar com a chegada de Schibboleth, porém desisti. Aliás, é muito estranho como cada um deles pronuncia equivocadamente o nome de nosso amigo Schibboleth! Creio que esse problema com o uso correto das palavras se estenda também às análises políticas. Mas quero deixar esse assunto de lado e, como disse, saudações acadêmicas!

Olin Sier di Convinzione Utopiche: — Idêntica saudação, com acréscimo de que sejas portador de felicidades. Infelizmente, não participei da conversa, tampouco sei do conteúdo, mas imagino algo por conta das características dos dois gladiadores e da augusta moderação de Schibboleth!

Stigmata das Leges: —Sim, foste preciso mesmo sem conhecer a contenda. Efraim e Gideão discutiam sobre a aprovação ou não de uma moção a partir de suas perspectivas políticas. Cá entre nós, eu diria posições dogmáticas e indialogáveis. Desculpe-me pela invenção da palavra, porém julgo-a apropriada na medida em que o tempo passava, e não se chegava a qualquer acordo. Schibboleth, ao contrário dos dois, tentava mostrar que, sem o respeito mútuo e a capacidade de escutar um ao outro, suas exaltações ideológicas eram incomunicáveis. Seu conselho era: o que impede o diálogo não deve ser dito. Com isso, Schibboleth não criticava as palavras, mas o modo como as sensibilidades ficavam alteradas quando as opiniões eram contrapostas.

---

[2] Diálogo relatado em "Assembleias, moções e solipsismo político e árdego, com determinação psicológica recalcitrante".

Olin Utopiche: — Como disse, conheço e gosto da maneira como Schibboleth entende a vida: envolvendo-se com outras vidas! De tal modo, é preciso se comprometer com outrem, circundar-se com suas opiniões e, ao final, pondo-se em contato com o outro, abrir-se para o diálogo. Todavia, por um lado, é difícil conseguir esse objetivo quando atitudes fundamentalistas ganham o coração humano. Schibboleth, por seu turno, é suficientemente esclarecido para lidar com dissabores e, igualmente, piedoso com os lábios tanto dos amigos como dos desafetos. Porém, hoje, gostaria de conversar contigo sobre o assunto que havia me solicitado: o que é preciso para viver bem em sociedade.

Stigmata das Leges: — Como não? Certamente que aguardava teu retorno, posto que tuas palavras me são prezadas!

Olin Utopiche: — Eis um elogio que guardarei n'alma. Desculpe-me pelo barroco, mas os vocábulos antigos são valiosos. Dessa maneira, nossa conversa versará sobre as leis e o embaraço causado por alguns homens quando se julgam superiores às leis ordinárias. E guarde o sentido etimológico da palavra ordinária: como aquilo que está dentro de sua ordem normal, que não distingue particularidade e, acima de tudo, conserva sua impessoalidade, garantindo, assim, o princípio da isonomia.

Stigmata das Leges: — É o que propriamente penso. Aliás, tal forma de pensar me traz à memória as palavras do filósofo Ortega y Gasset (1967, p. 52): "eu sou eu e minha circunstância, e se não salvo a ela, não me salvo a mim".

Olin Utopiche: — Maravilhosas palavras! Nossa época está um pouco estranha; as pessoas dizem coisas que não sentem e testemunham sentimentos que não vivenciam. Já em Ortega y Gasset, por exemplo, sinto que suas palavras e o coração se envolvem como uma bússola e, ao final, com o zênite, aponta a direção mais elevada para transmitir uma boa mensagem aos homens. Acrescentaria mais a tais palavras: ninguém vive sozinho! Por isso mesmo que há benefícios na mensagem do filósofo: a vida humana só encontra seu significado quando descobre que não está só e, depois, segue em destino a outrem. Esta é a chave da "circunstância", perceber-se rodeado de pessoas. Portanto é imprescindível que cada um cuide de si e do Outro, em simultâneo; senão, esse Outro será uma eterna alteridade inconsciente e incomunicável com os demais outros. O ser humano que não entende os outros, vive apenas para realizar seus desejos, não se importando com os meios usados para conseguir sua satisfação.

Stigmata das Leges: — Sim! Tal existência seria de uma completa animalidade, na qual a sua força contrária é a lei.

Olin Utopiche: — Correto! Aliás, essa era a tese do retórico Trasímaco. E, segundo a interpretação dele, o tribunal da justiça estava na capacidade do homem forte em dar seguimento às suas pulsões. Em sendo o executante e juiz de seus atos, não restaria nada mais do que uma violenta opressão, governada por uma energia incoerente a que se chamaria, indevidamente, de razão.

Stigmata das Leges: — Uma razão que opera obedecendo a uma lógica ditada pelas pulsões não seria uma desrazão?

Olin Utopiche: — Sim. Uma razão que se exime de viver em reciprocidade com outras. A verdadeira liberdade só é atingida quando guiada pela consciência. E não trago forças divinas, sequer as leis de Deus, para convalidar uma existência comum. Quanto às entidades transcendentais, faço silêncio. Para uma convivência comum, basta que a tonalidade das normas seja tomada pelo fundamento republicano, garantindo que todos vivam sob o império das leis, longe do arbítrio e das vontades de alguns homens.

Stigmata das Leges: — Concordo mais uma vez!

Olin Utopiche: — É preciso seguir leis gerais que jamais podem ser particularizadas para satisfazer a vontade daqueles que exercem o domínio político. É preciso que cada um siga a lei por entender que ela é o pressuposto da convivência humana, nunca por medo e/ou ignorância.

Stigmata das Leges: — É o que parece. Acredito que nossa fagulha de racionalidade poderá corrigir imediatamente cada erro, tão logo que tocada por transgressão e/ou omissão em seguir a lei.

Olin Utopiche: — Correto. Então, antes de prosseguir nossa conversa, peço que guarde no coração este ponto de vista: as vidas estão relacionadas umas às outras, pois a realidade exige que cada existência conviva com outras.

Stigmata das Leges: — A realidade mostra o quanto estamos desenraizados desse envolvimento que apontas. Não só por natureza, mas também pelo vínculo moral com o marco republicano que determina uma obrigação mútua de cuidar uns dos outros, de modo que esse vínculo, de uma pessoa adstrita à outra, deve se comprometer da mesma forma como demandam os compromissos constitucionais dos direitos e obrigações de cada cidadão, dando solidez à sociedade democrática. Espero que nossos equívocos contra a ordem republicana sejam remediados por nossa imperfeita razão.

Olin Utopiche: — É verdade, só há um meio de não cometer injustiças convivendo com indivíduos: respeitando as leis. Há uma justiça maior, uma de vigência suprema que está além da simples vontade de cumprir as normas sociais. E só é possível encontrá-la quando se busca o caminho do bem sem interesse algum. Isso ocorre apenas quando o bem produzido a outrem não gera qualquer benefício para quem o praticou; salvo a sensação de a justiça estar produzindo seus bons efeitos sobre a sociedade.

Stigmata das Leges: — No que se refere à teoria, eu até concordo contigo. Mas, Olin, é preciso atentar às questões políticas e ao melodrama sentimental que são produzidos por conta das vertentes ideológicas. Muitas vezes, o justo é sacrificado pela ausência de boas conexões políticas, o que não ocorre com os amigos. A ideia norteadora das leis é que o executante delas, ao seu deleite, não tem o equivocado direito de negar o direito de quem o possui. Os vieses causam afrouxamentos morais que conduzem o homem ao abandono do que é reto.

Olin Utopiche: — Nesse caso, concordo contigo! Todavia não podemos deixar de lado a ideia fundamental de que a verdadeira lei promove harmonia entre os homens, ao mesmo tempo que nos afasta das injustiças, ainda que o ímpeto ideológico ganhe dimensões inusitadas nas decisões parciais humanas.

Stigmata das Leges: — Concordo contigo.

Olin Utopiche: — E tu achas justo inventar uma lei para prejudicar um bom homem e um excelente profissional?

Stigmata das Leges: — Julgo tal atitude totalmente injusta e indevida por parte dos meus pares.

Olin Utopiche: — Então, mesmo que a lei não seja adequada, não é justo alterá-la só para prejudicar uma pessoa de quem não gostamos.

Stigmata das Leges: — Nesse ponto sou como tu: não é justo, sequer lícito, revogar uma lei para lesar outrem. Talvez, caiba melhorá-la, em parte ou no todo, para que produza melhores resultados.

Olin Utopiche: — E o que achas da má interpretação da lei?

Stigmata das Leges: — Acredito que haja duas coisas em discussão. A primeira é a má interpretação em si da lei, o que gera problemas devido à baixa qualidade do intérprete. Outra, muito mais condenável, é a má intenção do intérprete; nesse caso, se colocadas juntas dos interesses políticos e das inclinações ideológicas, são um desserviço à coisa pública em uma república, mas muito bem-vindas em uma tirania.

Olin Utopiche: — Tu és genial, antecipa bem a questão que te proponho a analisar agora. Vou te narrar um episódio que sucedeu na Academia de Letras de Santana dos Olhos D'Água, grande colégio situado em Capadócia.

Stigmata das Leges: — Estou ansioso!

Olin Utopiche: — Não podemos deixar de lado as palavras de Cícero (2008), de que não pode haver duas leis para o mesmo caso. Conheces Barbosa Baile? E mais uma pergunta: tu sabes por que não foi concedido a ele o título de Literato Emérito da Academia?

Stigmata das Leges: — Decerto que não, quanto às palavras de Cícero (2008). No tocante a Barbosa Baile, conheço bem, excelente profissional, grande ser humano. No que diz respeito ao título, salvo melhor juízo, ouvi o antigo presidente da Academia dizer que ele merecia tal reconhecimento, mas, cá entre nós, não vi qualquer empenho nesse sentido.

Olin Utopiche: — Parece que uma alma crítica sempre tem uma boa visão do espetáculo que é jogado aos seus olhos pelos donos do poder. Ocorre que, ao final de uma vida dedicada ao trabalho desse velho literato, da mencionada Academia, muitos colegas reconheceram, como ti, não à toa, que ele havia seguido uma vida de absoluta entrega às coisas do trabalho, tendo mantido o espírito aberto às atualizações das novas correntes literárias, mas conservando uma incontestável sintonia com o pretérito. Sem cair em fáceis simplificações e caricaturas, no cotidiano de sua existência, foram realizadas inúmeras atividades que tentaram consolidar uma atitude intelectual de sua grande amada: a Academia. Acontece que, ao concluir seu tempo de serviço, seus pares mais próximos, que sabiam de sua infatigável afeição, bem como do concomitante e persistente esforço de promover o nome da instituição em todas as suas atribuições, decidiram laureá-lo com uma comenda dada a poucos na Academia.

Stigmata das Leges: — O que nada tinha de injusto, porque sua vida se mistura com essa Academia. Eu soube de algo assim, mas não entendi o porquê de o título ter sido negado, já que era indiscutível que ele possuía todas as qualidades para o prêmio. Salvo melhor juízo, entretanto, se recordo bem, fiquei sabendo que as pessoas que o indicaram ignoraram uma lei de 2009. Estou certo?

Olin Utopiche: — Se me perguntas sobre o sucesso da propaganda, eu concordo contigo, mas, se queres saber como ocorreu o evento nos bastidores, eu posso te contar, já que tive a oportunidade de ler todos os autos do processo e, ao final, conversar com especialistas do assunto que me iluminaram que tais títulos são conseguidos mais pelo coroamento de amigos políticos do que pelo reconhecimento laboral. E, longe de serem favoráveis ao serviço público, honrando o justo, usam de artifícios para negar o que não poderia ser negado segundo as normas de concessão.

Stigmata das Leges: — Artifícios?

Olin Utopiche: — Sim. Todas às vezes que se usa um procedimento distinto daquele do que é o ordinário para conseguir um efeito determinado, chamas artifício!

Stigmata das Leges: — Agora fiquei mais curioso.

Olin Utopiche: — Agradeço seu vocabulário, pois, graças a ele, começo a entender os mistérios que seguem escondidos nas opiniões reinantes. Recordo-me da nossa condição humana e sua disposição para o cômico. E digo isso porque a comédia mostra o que é, na verdade, e que não deve ser mostrado. Quando política e inclinações ideológicas se misturam, o que resta, nas coisas humanas, é um tédio aviltante que, embora seja reconhecido em nossa constituição humana incondicional, consegue ser ainda mais aviltante quando dominado pela política ideológica e suas práticas de bastidores.

Pois bem, tu tomes nota de tudo para que o passado não retorne para nos assombrar. O processo do literato foi iniciado em 2008, de acordo com o que está registrado nos protocolos da Academia. A essa época, a Academia de Capadócia já havia outorgado o título a outro literato, a saber, José Chiricahua de Cochise, segundo as normas vigentes da época. Se não me engano, essa regra estava escrita assim: "o Estatuto da Academia de Santana dos Olhos D'Água em seu Artigo 115 – outorgará título honorífico de I – Literato Emérito e II – Literato "Honoris Causa". No artigo seguinte, constava que: "A solicitação, conforme dispõe o artigo 116, deve ser encaminhada à Câmara dos Notáveis da Academia, e submetida à votação secreta, necessitando de dois terços dos membros para sua aprovação".

Stigmata das Leges: — Se tomamos as palavras de Cícero (2008) de que as leis são uma regra, temos que nos resignar com suas especificações. E, para mim, ficaram claras a posição da lei e, simultaneamente, a existência de um literato já laureado.

Olin Utopiche: — É o que se poderia imaginar que ocorreria em uma república. Não obstante, o que estava impresso nas leis vigentes, o que seria respeitado em uma agremiação democrática, não seria a medida da ação do novo caso. A verdade é que o episódio era nítido para a luz republicana; mas, muitas vezes, devido às tendências de humanos que colocam o claro nas costas, o intérprete da lei não só esquece de mandar cumpri-la, como age contra ela, promovendo uma tristeza em casas urbanas, como se ainda morássemos em grandes áreas rurais nas quais só vale a vontade dos homens poderosos.

Stigmata das Leges: — Acredito que Sérgio Buarque de Holanda (1995) disse que a urbanidade deixaria tais práticas no passado, renovando os ares das cidades, e, com a substituição da vontade dos homens pelo império das leis, dar-se-ia um tratamento impessoal e isonômico às pessoas perante a lei.

Olin Utopiche: — Bem lembrado. Penso que foi em *Raízes do Brasil* que Sérgio trouxe essa leitura. Esse livro teve grande repercussão no pensamento político brasileiro; no entanto, embora tenha discorrido sobre aquele presente, no momento atual, ele continua uma ficção. E, como veremos ao final, os homens prosseguem agindo sem inovar muito, restando claro que o modo de ação daqueles que detêm o poder coevo é tão antigo como evidente.

Stigmata das Leges: — Ora, pelos céus, não! Estou perplexo. Agora consigo entender por que trouxeste o livro de Sérgio e o associaste ao título solicitado ao velho literato, mesmo sem ter mencionado a origem da influência do teu comentário.

Olin Utopiche: — E a relação entre eles é a questão central aqui, meu amigo. É urgente que, ao lado das leituras que fazemos, não nos distanciemos das leis gerais que governam nossa sociedade, para que, depois, os jovens, que são muito mais tentados pelos prazeres do mundo e não percebem, a longo prazo, a grande vantagem do respeito às regras, não as transgridam lembrando que nós, os velhos, fizemos a mesma coisa quando tivemos a chance.

Stigmata das Leges: — Sim, é importante o que colocaste, pois só há um modo de tratar as pessoas em uma democracia, qual seja, seguindo a lei. E, se os aduladores de outras leis ganham espaços, a isonomia se torna uma ilusão, um joguete de tiranos que usam uma norma em público e outras formas de atuação nos bastidores.

Olin Utopiche: — Concordo; porque, nesse caso, como já deves ter percebido, não estamos tratando mais da interpretação da lei, mas de seu inverso.

Stigmata das Leges: — És verdadeiro o que dizes.

Olin Utopiche: — Permita-me que continue. No entanto é imperioso que guardes na memória duas coisas: 1) a desobediência à lei no trâmite; 2) as datas de vigência das normas que julgam os processos. No que se refere ao elemento comum aos dois pontos suscitados, precisamos transcrever o que dizia a norma para eliminar as dúvidas e incompreensões do nosso assunto. Estava escrito lá: "O título de literato emérito será conferido a literatos com um mínimo de 20 anos de exercício na Academia, ou literatos aposentados mediante proposta da maioria absoluta dos Pares de uma corrente literária, qualquer que seja, e aprovação em votação secreta de dois terços dos membros do Conselho dos Notáveis". No tocante às datas, para evitar uma série de dissabores, basta lembrar que o pedido foi feito em 2008 do ano Cristão de Nosso Senhor Jesus Cristo.

Stigmata das Leges: — Até o momento, tua exposição está claríssima para mim. Contudo devo te indagar acerca de algo que me incomoda. Tu sabes que tenho domínio das questões legais não só pelo ponto de vista ético, mas também porque sou um causídico que busca não cometer injustiças.

Olin Utopiche: — O que queres perguntar?

Stigmata das Leges: — Essa questão não foi observada por um especialista na matéria, mas por alguém que tem certa influência dentro do jogo político e que não faz parte desse corpo político?

Olin Utopiche: — Sabes bem o que dizes. Como não?! Eles solicitaram ao especialista jurídico da Academia que julgasse os autos e procedesse a um parecer técnico.

Stigmata das Leges: — E esse nobre colega, como se manifestou?

Olin Utopiche: — De acordo com a análise, ainda em 2008, ele instruiu algo mais ou menos assim: "Este setor técnico diz que o processo atende a todos os dispositivos legais existentes, conforme constam no Estatuto da Academia; portanto, tal processo deve ser conduzido ao Conselho dos Notáveis, julgado por votação secreta, carecendo de dois terços dos membros deste Conselho para sua aprovação".

Stigmata das Leges: — Bem, segundo meu par causídico, está manifesto que o processo se harmoniza com a legislação vigente. De fato, a mim parece que ele verificou o que demandava a norma e exarou um parecer pertinente. O próximo passo, então, seria encaminhar para o julgamento no Conselho dos Notáveis.

Olin Utopiche: — Oh, meu dileto especialista em leis, mas que desconheces os corações humanos, é verdade que teu bom senso te faças crer que os governantes dos homens também deveriam usar o bom senso deles, mas tu verás como eles são, admiravelmente, inventivos quando guardam algum rancor no peito, mesmo que nos lábios soltem palavras macias e elogiosas contra seus desafetos.

Stigmata das Leges: — Não consigo entender por que o título não foi julgado. Imagino, sim, que tenha sido negado; isso, porém, não veio a público.

Olin Utopiche: — Conforme disseste, eles são inventivos e prezam a opinião pública.

Stigmata das Leges: — É verdade.

Olin Utopiche: — Bem, suponha que eles julguem o caso e publicamente neguem a outorga.

Stigmata das Leges: — Imagino que as pessoas ficariam surpreendidas com essa negação, principalmente que o literato Barbosa Baile tenha um reconhecimento público até mesmo além das paredes da Academia.

Olin Utopiche: — Perfeita lembrança. Assim sendo, era indispensável inventar algo inteiramente inédito que impedisse o processo de ser julgado pelas normas.

Stigmata das Leges: — Agora, mais uma vez, fiquei curioso. E, sem dúvida, teria que ser algo estranho à lei, já que ela estava totalmente favorável ao triunfo da causa na outorga.

Olin Utopiche: — Excelente raciocínio, Stigmata! Foi justamente o que se sucedeu. O Presidente do Conselho dos Notáveis tem, entre seus poderes, a capacidade de escolher quem será o relator dos processos que chegam àquela Casa. E assim foi feito. Escolheu uma criativa criatura que, depois de analisar todo o processo (afinal de contas é essa sua atribuição), decidiu ignorar o parecer do especialista técnico das leis.

Stigmata das Leges: — Como assim ignorar? Tais coisas não podem ser ignoradas; até mesmo em uma tirania, há leis.

Olin Utopiche: — É o que parece, mas tu verás como ele foi inventivo. Se me lembro bem, o parecer dele foi mais ou menos assim: "1) nunca houve casos de outorga deste título por parte desta Academia; 2) Não há leis para julgar outorgas". Por fim, sem pensar nos prejuízos que causava aos desafetos, já que estava bem aparelhado para desconsiderar todos os autos do processo, ressuscita um Trasímaco que não traz à intelectualidade do grego: "propõe desde logo que, a partir daquela data, seja suspensa qualquer apreciação de outorga, inclusive o processo que estava em suas mãos".

Stigmata das Leges: — Isso é plenamente falso. Quer dizer, no tocante à intelectualidade, é uma verdade suprema! Porém, no que se refere às suas indicações, é totalmente equivocado. E o especialista em leis havia deixado, de modo translúcido, que o processo atendia a tudo o que demandava a legislação em vigor. Nesse caso, amigo Olin, não foi praticada só uma injustiça contra um justo, mas uma violação direta das normas que regem a democracia foi cometida.

Olin Utopiche: — Como havia dito, o caso em si merece a ressurreição de Sérgio Buarque de Holanda.

Stigmata das Leges: — Concordo plenamente; mas tenho aqui uma dúvida. Aquele outro literato, aquele a quem foi concedida a comenda, é um estranho, um esquecido da Academia?

Olin Utopiche: — Não, pelo contrário, é uma pessoa participativa, uma boa alma; sempre presente nas atividades da instituição. Aliás, cá entre nós, é um charme contemplar aquele simpático velhinho de boas maneiras e erudição no latim conversar. Preciso confessar isto: tive a grata satisfação de vê-lo conversar com Schibboleth algumas vezes. Como se entendem bem! Mas isso é outro assunto. Voltemos ao nosso.

Stigmata das Leges: — Então se trata de uma pessoa conhecida?

Olin Utopiche: — Sim.

Stigmata das Leges: — E o seu título é conhecido?

Olin Utopiche: — Demais!

Stigmata das Leges: — Seja como for, Olin, foi feita uma ação indigna com o Barbosa Baile.

Olin Utopiche: — Sim, mas também foi feita uma ação contra todos aqueles que seguem a lei.

Stigmata das Leges: — Evidentemente que sim! E digo mais: de acordo com a Lei de Introdução ao Código Civil, que está além dos muros de Capadócia, "uma norma terá vigor até que outra a modifique ou revogue" (BRASIL, 1947, art. 2º). Assim, independentemente de gostarem ou não do Barbosa Baile, concedendo ou não o título, todos os processos que tiveram entrada antes de uma nova lei deveriam ser julgados pelas leis vigorantes.

Olin Utopiche: — Assim determina o bom senso de quem segue a legislação. O que não foi o caso aqui. E, como todo drama tem pitadas de humor, as desse ocorreram quando os donos do poder aprovaram a nova lei que outorgava títulos em 2009.

Stigmata das Leges: — Independentemente de qualquer nova lei, os casos anteriores devem ser julgados pela regra anterior.

Olin Utopiche: — Eu não disse que havia humor no drama? Eles exigiram que o antigo processo, já concluído para votação, fosse adequado às novas exigências da lei.

Stigmata das Leges: — Com toda certeza, qualquer pessoa que conhece o funcionamento da lei, e até com bom senso apenas, sabe que, existindo uma norma vigente quando se deu entrada em um processo, devem-se seguir os seus ditames, pois se trata de um preceito legal disposto. Ora, suspender um procedimento que corre dentro dos trâmites legais, consoante o bom entendimento do técnico de leis da Academia, para atender às invenções de relator que desconhece ou desconsidera normas e fatos ocorridos na história da instituição, parece, no mínimo, inadequado. Além disso, ao propor a suspensão do processo, o relator frustra a expectativa de direitos líquidos e certos e, em tramitação, provocados pelo procedimento correto, amparados pela legislação em vigor.

Olin Utopiche: — Perfeito.

Stigmata das Leges: — E mais: se a Academia tinha a intenção de tornar a norma mais clara, deveria baixar uma resolução de cessação de novos pedidos, ab-rogar, porém sem quaisquer prejuízos para aqueles iniciados, como o melhor dos princípios gerais do direito.

Olin Utopiche: — Medida que seria tomada por quem tem bom senso ou não queria que aquele processo fosse julgado.

Stigmata das Leges: — De qualquer perspectiva ou aspecto que se analise, ao requerer que o processo seja revisto em consonância com outra lei, causa-se um dano enorme aos ditames da democracia, embora muitas pessoas não percebam o que aconteceu. Ademais, agora que ficou esclarecido, para mim, o que ocorreu, só posso pensar que foi um caso de ignorância, de desconhecimento das normas. O despreparo técnico do relator pode ter permitido uma efetivação da injustiça.

Olin Utopiche: — Decerto que sim.

Stigmata das Leges: — E a piada, meu amigo, foi uma piada suja. Um erro enorme foi cometido, e esse erro foi **desrespeitar a norma jurídica definida no Estatuto em vigência.**

Olin Utopiche: — Decerto que houve desrespeito.

Stigmata das Leges: — Que isso se encontre em seu devido lugar: em momento algum, é justo modificar uma lei para transformá-la em injusta; e, em especial, a lei não deve frustrar as expectativas daqueles que têm direcionados seus comportamentos à harmonia com os códigos de conduta.

Olin Utopiche: — Tua posição foi tão meticulosa que todos deveriam saber como um bom jurista pensa, não permitindo que estratégias políticas sejam usadas para transformar a lei em algo que promova injustiças.

Stigmata das Leges: — E quanto aos presentes, aqueles que conheciam o literato já laureado e eram os responsáveis em zelar pelo cumprimento da lei?

Olin Utopiche: — Acataram passivamente o relator e foram favoráveis ao arquivamento do processo. Cá entre nós, acredito que uns eram desavisados e não perceberam os movimentos executados para legitimar a consecução do procedimento, inclusive em não transcrever passagem alguma acerca do mérito legal, escrito nos autos pelo especialista das leis; é estranho que ele não fosse considerado pelo parecer final do relator. Entre os alheios, havia os que não quiseram se indispor com aqueles que cada dia mais fazem **menos** pela Academia. E, também, havia aqueles que pouco se importavam com as infrações, desde que fossem para inutilizar o julgamento de um desafeto que possivelmente seria laureado em uma votação secreta. E, no meio desses últimos, ao final, houve os que ficaram silentes ou não perceberam que outros cometeram um desvio.

Stigmata das Leges: — Provavelmente. Todavia nosso direito pátrio permite que seja dada a invalidade de um ato administrativo ilegítimo ou ilegal, em momento posterior. A própria Administração pode assim proceder.

Olin Utopiche: — Com toda certeza. Só posso te dizer que, anos depois, em outra conjuntura política, mas com simpatizantes daquela administração da Academia, foi solicitado o desarquivamento do processo sob a alegação de que deveria ser julgado pela norma vigente na sua época de tramitação, e não por outra sancionada depois.

Stigmata das Leges: — Imagino que o especialista de leis emitiu seu julgamento.

Olin Utopiche: — A posição dele foi lacônica: o processo deveria ser julgado conforme a lei vigente à sua tramitação; a mesma que concedeu o título ao já laureado.

Stigmata das Leges: — Eles atenderam à recomendação do especialista?

Olin Utopiche: — Foi negada com base na posição do novo relator, que não só confirmou o que o antigo relator havia dito como também ignorou toda a lição sobre o direito pátrio.

Stigmata das Leges: — Então, não há outra medida senão procurar justiça além dos muros administrativos e atrair o desastre da opinião externa, que não entenderá como centenas de literatos permitem que injustiças sejam cometidas intramuros.

Olin Utopiche: — Desse modo, teremos que perder a ilusão mínima de que buscar reparação externa seja uma coisa danosa quando as injustiças internas não são reparadas pela própria Academia. E temos que enfrentar também a crítica infundada de que os prejudicados pelas injustiças de Capadócia são perniciosos à agremiação, pois, nesse caso, os lesados estão sendo vítimas duas vezes.

Stigmata das Leges: — Decerto que sim. Injustiças precisam ser combatidas com justiça. Uma coisa, depois de tomar conhecimento desse caso, só agora, só agora mesmo, entendi uma frase dita por meu avô, um homem que deixou o campo onde reinava a vontade dos grandes fazendeiros e se mudou para a capital para viver sob o império das leis. Ele dizia para meu pai e eu, bem pequenino, ouvia, silencioso e sem compreensão do fato; porém agora entendi. Eles falavam sobre política, suas ações para construção da democracia e os desmandos dos poderosos no estado da Bahia. Vovô repetia sempre para papai: "Vá com calma, meu filho! O problema da política rural é não aceitar a democracia urbana, afinal de contas, é mister lembrar das palavras de Otávio Mangabeira: *'pense num absurdo!? Na Bahia existe um precedente'*".

Olin Utopiche: — Oh, meu amigo, que tristes e reais palavras! A missão da Academia é educar as pessoas para que se tornem melhores, mas é evidente que a luta ideológica precisa respeitar as normas que tornam a convivência social digna de ser vivida em comum.

Stigmata das Leges: — Certamente que a lei é o princípio do mando; e esse mando deve ser responsável. E o regime republicano se caracteriza pelo poder nas mãos do povo, das instituições fundadas e, em especial, pelo Estado Democrático de Direito no fiel cumprimento das regras escritas.

Olin Utopiche: — Perfeito mais uma vez, Stigmata! Penso que não basta tão somente criar normas, mas ser o guardião do seu cumprimento, sob o risco de incitar o desacato aos preceitos da lei instituída.

Stigmata das Leges: — É absolutamente verdadeiro em suas palavras. Espero que esse caso ganhe uma reviravolta inesperada, que a acuidade e o bom senso, atrelados aos ditames vigentes do ordenamento à época, contaminem o espírito dos novos membros do Conselho dos Notáveis. Que tudo se renove iluminado por uma ética da alegria e que o envenenamento do pretérito nos ensine que regras, boas ou más, enquanto vigorantes, devem ser o padrão de julgamento das coisas relativas aos direitos e deveres dos afetos e desafetos. Só assim, o ódio e a vaidade que permeiam as Academias sairão dos corações dos capadocianos, levando junto os maus sentimentos; talvez, Têmis, a deusa da justiça, reine em Capadócia e traga consigo Palas Athena, divindade da sabedoria, para ocupar seu devido lugar na Casa dos Literatos.

Olin Utopiche: — Belas palavras! Olha ali, não é Schibboleth? Vamos até ele?

PEQUENO TRATADO CANINO

Ruff, ruff, ruff... era assim que Rocky fazia sempre que via um ser humano se aproximar com sons doces. Como qualquer um da sua casta, ele tinha seus dois pares de princípios caninos: ser ingenuamente bobo com quem lhe faz afagos; ser zeloso com os amigos; ser vigilante e feroz contra os inimigos de companheiros e, finalmente, não planejar o próximo passo com vistas às consequências. Essas leis coadunavam com a personalidade dos cães bem como ajustavam suas atitudes pela ação e reação. Além disso, estava sempre a fazer novas amizades com quem fosse gentil e trouxesse um petisco. Se a pessoa era carinhosa, aí era um se perder em diversas brincadeiras e cafunés comuns.

A vida de Rocky era meio mágica; ele jamais teve uma compreensão da realidade que o cercava, embora a exclusiva convivência com seres humanos tenha atenuado sua quarta norma de vida, o que o levou a acreditar na posição de que o bom uso da razão é uma ferramenta que evita decorrências imprevisíveis. Não obstante, mesmo com um belo discurso, em seu coração, ele apenas seguia o básico: respeitava o código canino das quatro leis e, de igual forma, evitava pensar como os humanos. Apesar de não ter apreendido tal conselho com outros cães, algo dentro de si lhe dizia que o pragmatismo era uma traição à espécie. E, se foi dito que sua existência era quase mágica, foi justamente porque, ainda que tivesse sido educado na apologia da razão, os compromissos emocionais com a sua origem o impediam de tomar decisões além dos sentimentos. Rocky sabia brincar e tinha boas maneiras: duas ou três palavras afetuosas e uma guloseima eram suficientes para abandonar suas teorias, entregar-se às pulsões naturais e girar em torno de si, lambendo tudo a sua volta e correndo atrás do próprio rabo, quando não colocava a barriga para cima. Que fique bem claro que Rocky era um cão de verdade – um pouco estragado pela presença humana.

Mas ele ficou um pouco triste quando seu humano o levou para o sítio do tio e ali o deixou para viver com outro humano mais velho. Um bom humano, porém muito ocupado com suas próprias lembranças. Ademais, seus ossos e membros rígidos eram vistos embaixo da pele enrugada, o que deixava óbvio que ele não podia realizar esforços, como correr e brincar. Contudo era um bom humano: sempre lhe dava comida e carinhos, o que bastou para formar uma relação afável entre duas espécies em que uma se dedicava, de corpo e alma, à outra, sem receber boa porcentagem em troca. Todos os dias, Rocky incitava o humano com brincadeiras, mordia os sapatos, puxava-o pela bainha da calça; esse apenas sorria, o que deixava Rocky muito feliz, afinal de contas, ele queria atenção. Com o tempo, Rocky percebeu, por meio de um raciocínio linear, que um sorriso era tudo o que conseguiria daquele humano. Assim, o simples movimento facial era o bastante para Rocky encher o peito de ar e, com verdadeira alegria, fazer ruff-ruff, esquecendo sua crença pragmática. Do mesmo modo que o humano colocava a mão no queixo e, depois, na cabeça, com os latidos de Rocky, do outro lado da cerca, a qual separava as propriedades, aquele som também provocava a curiosidade de um cão que um dia beirou o alambrado e, de longe, disse:

— Por que você sempre late desse jeito?

— Ora, porque sou da raça "american leopardo hound". Faz parte da minha natureza, sou um cão do exterior. Fui treinado, por um humano, para valorizar as tradições e as ações planejadas. Conquistamos tal excelência com professores peritos em cálculos e expertise em treinamento de cães de linhagem superior. Nessa escola que frequentei, eu e outros cães nobres aprendemos todas as coisas significativas para ser um cão instruído. Foram horas e horas assistindo a cães de linhagem superior latindo e se comportando assim. Ao menor sinal de desvio, os indisciplinados eram expulsos de lá. Não sei se tu sabes, mas a forma do latido demonstra um referencial de elevação na sociedade; trata-se de uma escolha que se adequa aos valores reinantes de uma elite.

— Rufi, rufi e rufi – disse o cão do alambrado. — Não senti nada! Eu sou um cachorro que não gosta de televisão, nem de treinamentos. Desde cedo, aprendi a seguir meus instintos e a me entregar apenas ao momento, indo sempre em frente. Eu não tenho raça, como todos os cães que circulam por aqui. Há uma longa tradição nesses territórios de cães sem raça. Em geral, não damos valor às normas e regras, salvo quando os assuntos são a comida e os afagos. Aqui, o que realmente importa é a amizade, mas sem cálculos. Eu me chamo Vira-lata, pelo menos é assim que sou chamado por aquele humano ali, deitado na rede. Quantos amigos você tem?

— Nenhum, só o humano que vivia comigo. Agora, ele me trouxe aqui para morar com seu tio, o calmo senhor ali. Pelo que pude entender, a namorada dele tem uma gata. Essa tinha medo de mim, porque eu latia de forma estranha; ela corria para o braço de meu humano, o que me fazia latir mais alto, enquanto ela desmaiava.

— Sério?

— Sim! Ele dizia que era meu amigo, mas a companheira exigiu que eu saísse de casa, senão ela não iria morar com a gente. Aí, foi estranho, ela entrou, e eu saí. Fizemos uma longa viagem até este sítio. No caminho ele me convenceu, com argumentos lógicos, de que tal decisão era a mais coerente; não tive como retrucar o raciocínio, era perfeito. Aliás, os humanos têm uma capacidade mental extraordinária, eu constatei isso com o veterinário que me separou de minha mãe e irmãos. Ele me submeteu a uma série de exames antes de me entregar ao meu humano. Posso te confessar uma coisa: eu entendi e concordo com o raciocínio dele; porém alguma coisa dói no meu peito, não sei bem o que é, mas dói!

— Abandono! Sensação de abandono. É muito comum em cães. Eu soube, pelo som da sua chegada, da sua dor, bem antes de te conhecer.

— Mas, como? Não vi ninguém por perto, exceto o bom velhinho que me acolheu.

— Pelos uivos! Nossa natureza não lida bem com o sofrimento; quando acontece, começamos a uivar, por horas e dias. Uivando, você avisou a todos os outros cães de sua dor; por isso, vim a teu encontro, mas tive que acionar certas maneiras de pensar como os humanos, coisa de que não gostamos, só que o momento exigia para te ajudar. Contudo, como penso mais como cachorro do que humano, digo-te: não guarde mágoa, isso é coisa para humanos. O perdão é uma lei transcendente no universo canino. E todos os humanos têm direito a ele se trazem comida e afagos; com certeza, é perdão, não só utilitário, mas meu preço são a comida e os afagos. E quanto aos uivos, em breve, eu te falarei mais sobre as funções dele e da beleza quando tocado pelo feromônio, mas ainda és jovem para essa lição. Pois bem, tens visto o veterinário com regularidade?

— Como não? É um humano que merece toda a consideração e autoridade, pois estudou matemática, português, toxinas e foi socializado para viver em comunidade – disse Rocky. — Graças a esses conhecimentos, ele pode até injetar drogas em nosso corpo, por intermédio de seringa.

— Entendo, parece-me que a convivência com humanos afetou sensivelmente sua lógica natural. Salvo um juízo canino, tudo me indica que você raciocina como um humano, como se compreendesse o modo direto da realidade pelos sentidos, é isso?

— Não tenho a mínima dúvida. A vida pode ser melhor vivida quando são avaliados os meios e o fim, estabelecendo uma relação, quantificando os "prós e contras", o que é chamado racionalização visando a eficiência. Graças a estudos expostos antes, o veterinário pode proceder à inspeção dos tecidos externos de nosso corpo e, com a ajuda de seringas e mais seringas, retirar parte de nosso sangue para exames que dirão se estamos saudáveis ou não.

— É muito estranho esse teu modo de falar, tu acreditas mesmo que eles são racionais assim, que levam a existência sem emoções. Você, com certeza, parece com esses humanos, dando mais créditos a suas falsas crenças do que à entrega ao sabor das sensações. Ao meu sentir canino, há uma maneira bem mais autêntica de pensar do que buscar semelhanças com o modo de refletir deles, e a primeira coisa a fazer é esquecer o cálculo, lidando apenas com a causa e o efeito. Esse não é bom, mas não podemos seguir sem uma lógica canina. Para que saibas bem, não conheço aquela amiga que me trouxe ao mundo, bem como os outros amigos que chegaram comigo, esses que tu chamaste de irmãos. Conheço aquele humano que me entrega as sobras de comida dele, uma vez ou outra me chuta, como em outras me joga água, por pura maldade. Nosso universo canino é bem mais simples. Teu latido tem um som estranho, mas foi teu uivo que me trouxe aqui, foi a tua dor que me trouxe para incluí-lo em nossa sociedade; diferentemente do veterinário, que foi um humano socializado para viver em comunidade, nós, cães, pela socialização humana, nos afastamos. Foi o teu sentimento mais profundo, sonorizado no uivo, que me fez vir. Em nossa relação de causa e efeito, sei perfeitamente que, ao beber aquele líquido destilado, de cheiro e gosto insuportáveis, não terei comida. E mais: se não ficar atento aos passos dele, receberei um chute de surpresa, o que sempre acontece graças à lei do perdão. Se ele não bebe, passa o dia tranquilo, eu como bem e não serei chutado. E, se ele diz "sai daqui", atendo; mas, devido à lei do perdão eterno...

— Esse teu humano deve estar com algum defeito. Obviamente, ele não percebe as vantagens da vida racional, que orienta as escolhas por uma lógica que otimiza melhores resultados. Na cidade, a ordem é a forma que domina as relações. Lá, ele não poderia te tratar dessa maneira. E, porque eles vivem segundo ordenamentos políticos e sociais, regulados por leis e instituições, se esses não são cumpridos, seguem as penalidades. Nessa sociedade em que vivemos, como diziam a televisão e o meu humano, existem medidas pragmáticas para dar sentido à vida. A própria organização social envolve-nos de tal modo que somente ações friamente pensadas podem trazer felicidade.

— Compreendo; você é mais um humano bobo que vive segundo as crenças inventadas, justificando-as recorrendo à matemática?

— Não entendi.

— Preste atenção – disse Vira-lata –, mas preste bem atenção, pois, conforme a lógica deles, para ser Humano, basta agir assim: se um deles opta por X, ele terá como resultado Z, mas ele não gosta de Z, porque julga que as coisas resultantes de Z não são boas; então ele evita escolher X para não ter Z como resultado. Ou, se X, tenho Z, se tenho Z, logo escolhi X. Eis a lógica humana.

— Coisas estranhas e sem sentido para mim.

— Deixa eu te explicar de outra maneira: alguém precisa tomar a decisão de ser lógico em vez de se entregar aos sentimentos do coração, pois a pessoa julga que os sentimentos podem levá-la a escolhas equivocadas e infrutíferas. De acordo com ela, ações motivadas pelos sentimentos não obedecem à lógica, portanto não são boas. Dessa forma, ela evita fazer escolhas com base nas emoções.

— Agora entendi.

— Só para concluir o modo de pensar humano, é preciso dizer que esse modo de raciocinar, que aos olhos humanos parece ser apenas lógico, é uma ilusão. Todo o raciocínio foi construído sob convicções sem qualquer fundamento racional, pois as escolhas são realizadas pelas pessoas em consonância com o meio, as estruturas, o perfil dos indivíduos, suas crenças, e, por contradição, todos interagem entre si, o que permite afirmar que ninguém é livre de condicionamentos estruturais para decidir. As crenças dão sentido ao humano, mas ele prefere negar esse simples conhecimento; por isso acrescenta estatísticas, gráficos e fórmulas matemáticas para justificar sua decisão "não lógica".

— Agora eu percebi. É exatamente isso que eles fazem, mas não há qualquer racionalidade nessa operação aleatória, como bem demonstraste com teu exemplo. Fui um tolo, caí no conto do vigário.

— Eles são criaturas orgulhosas que não percebem que a sua lógica é só uma farsa para justificar suas invenções. Se fossem tão racionais como creem, não brigariam tanto entre si por coisas frívolas ou sérias. Todos os dias, presencio uma disputa entre eles, pelos motivos mais tolos. E não quero sequer acrescentar a questão das desigualdades entre os machos e as fêmeas, diferenças culturais, civilizados e incivilizados, além das divergências de fé. Em minha análise desses matizes, resta-me claro que não vejo qualquer racionalidade em seus atos. Duvido que esses ordenamentos sejam eficientes. E, quando conversam sobre política, aí que o assunto ganha dimensões inesperadas e as desculpas mais inespecíficas. São tão inespecíficos em suas contendas... uns dizem, "ele é melhor"; outrem contesta: "a minha é melhor". Eles não têm princípios, têm interesses que dão o pretexto para aqueles. No íntimo de cada um, todos sabem essa verdade. Graças à matemática e ao português, eles podem explicar sua inteligência pragmática, mas não suas escolhas emocionais voltadas para o interesse pessoal. Sem falar das maldades que cometem uns com os outros e, às vezes, conosco. O teu humano te abandonou aqui, sozinho com esse bom velho. Decerto que deve ter apresentado uma crença, com motivos e números aritméticos para conforter o interesse imediato dele e, ao mesmo tempo, corromper teu raciocínio crítico.

— Verdade.

— Ao menos, de acordo com a lógica deles, o teu novo humano não é malvado como o meu. Ele te coloca comida com regularidade; não brinca contigo, mas não inventa falsas crenças para conviver com outros ou contigo. Eu já notei, há algum tempo, que ele não é mais um humano de negócios. E, quando deixam de ser, eles até que se tornam mais caninos. Infelizmente, eles perdem a fé na racionalidade muito tarde, só percebendo a beleza da vida na idade avançada.

— É verdade. Mas me diga, você nunca vai ao humano das seringas?

— Vou sim, uma vez por ano. Ali tomo uma única vacina; eles chamam de antirrábica. Ela é maravilhosa, pois impede que a razão humana controle nossas emoções e invente crenças justificadas. Assim, não mordo ninguém, não ataco ninguém, não sou agressivo com ninguém. Salvo se ferir a lei da causa e do efeito. Aliás, se há um pouco de boa razão no estudo de matemática e português, foi a descoberta do vírus da raiva e, depois, das medidas de profilaxia e da vacina contra a doença.

— Fiquei confuso, tu desconstruíste a razão humana e agora louva uma descoberta dela. Não entendo esse modo de pensar.

Eu sou estadunidense. Nasci lá, onde ou um ou outro está com a razão, jamais os dois.

— Engraçado, tomaste o paradigma humano da racionalidade como projeto de realização pessoal. Da mesma forma, tomaste o latido de um cão que mora noutro lugar, em vez de simplesmente latir como nós aqui: au-au.

— Sério: eu nunca tive contato amical, ou troquei conversas bobas, com outros cães, tudo era restrito ao treino. Como disse, aquele que não agisse de acordo com as normas da escola era expulso. Portanto não entendo como pensam ou como não pensam.

— Calma! Em primeiro lugar, esquece a raça que te foi dada, assume o compromisso de ser apenas um cão, um cão de raça indefinida. Segundo: lembra-te das leis caninas que o bom Criador colocou em ti e as pratica todos os dias. E, terceiro, late do jeito que achar melhor; tenho certeza de que todos os cachorros da vizinhança não vão se importar com teu jeito, pois, para nós, não há problemas com o que é diferente. Aqui, aceitamos todos, a desigualdade é um fator exclusivo dos humanos.

— Meu humano disse que sou norte-americano; fora da escola, só me mostrava vídeos de cachorros norte-americanos, aprendi com eles.

— Bacana, mas agora tu estás aqui e deves latir do jeito que queira. Além das três coisas que te lembrei, falta mais uma, que é exigida pela sociedade anônima dos cães: todos os anos, somos obrigados a tomar a vacina antirrábica. Esse ato é sagrado para nossa espécie.

— De onde eu vim também, mas nunca tive a chance de ser instruído nos segredos de qualquer sociedade canina; e me digas mais: por que a sociedade incentiva tanto o uso dessa vacina?

— É simples: como não queremos ser iguais aos humanos, atacando nossos amigos, tampouco os homens, indiscriminadamente, não queremos pensar e agir como os humanos, não queremos usar a razão como um meio de justificar nossas crenças como racionais. Temos uma desconfiança dela, bem como dos seus frutos, salvo desse santo remédio que nos ajuda a suportar os chutes, maldades e abandonos que os humanos

nos infligem. Espero que tenha ficado claro que lidamos bem uns com os outros, sem distinção, e não usamos nossas crenças para justificar as perversidades que uns fazem a outros. A vacina nos deixa imunes aos males dos homens. Desculpe te falar em termos assim tão humanos, mas como os cães são sinceros, não nos é permitido mentir. Nossa aproximação com os humanos nos contaminou com parte de sua lógica; porém ficamos limitados à lei da causa e efeito: quem nos persegue, merece mordida; quem nos ameaça, merece uma boa mordida; quem faz carinho, recebe lambidas; quem faz cafuné, merece nossa atenção; quem traz petiscos e afagos, aí a lei da gravidade e a anatomia se confundem, a cabeça vai para o chão, a barriga para cima, giramos ao redor do próprio rabo – é a perdição do bom senso canino. Venha, eu quero te apresentar aos amigos da vizinhança e deixar de lado esse modo de pensar humano.

E foi o que aconteceu. Seguiram o dia brincando, como novos companheiros, e correndo um atrás do outro. Logo chegaram mais e mais cães. Desde então, seguem brincando e se tornaram grandes amigos, inseparáveis. Vira-lata introduziu Rocky além das cercas, em outras vizinhanças, nas quais foram bem-recebidos. Ensinou os diversos significados dos uivos, do poder incontrolável do feromônio. Com o tempo, ruff-ruff se tornou rufi-rufi e hoje é uma espécie de som parecido com "rufau-au-rufau-au". "Roque" agora é cão de raça indefinida que não discute política nem religião, tampouco justifica suas crenças com recursos matemáticos.

WALTER CLOSET

    Quarta-feira, dez horas e quinze minutos de uma noite agradável para quem mora na parte mais sertaneja do Brasil, porém sonha em viver em climas mais temperados. Estou entre as plataformas de embarque da rodoviária onde aguardo a condução que me levará para a "Politeness", cidade conhecida por suas boas maneiras, bem distante das capitais brasileiras. Como qualquer estação de embarque e desembarque, veem-se movimentos de um lado a outro, muita gente sendo enfiada a bordo do próximo veículo, bem como outras gentes sendo tiradas de alguns ônibus. Esse entra e sai é monstruoso. Do alto de uma escada, são muitas cabeças de várias proporções e sem harmonia. Pessoas ignoram pessoas; não se encaram. O resultado é evidente, uma insociabilidade em um imenso glomerado de indivíduos. Note-se que, em geral, os humanos são definidos como seres sociáveis, prontos para o diálogo entre si; contudo, na estação, reina somente o roncar dos motores. Esses parecem conversar de modo recíproco, o que mostra que o local de passagem de pessoas é "desacolhedor" para quem usa essas instalações tão desprovidas de seres falantes. Durante o tempo em que espero o meu transporte, tenho vontade de fazer xixi. Procuro um sanitário; só encontro muito depois, o que me leva a acelerar meus passos para a libertação do líquido orgânico que já me causa um desconforto entre o tórax e a virilha.

    Após uns dez minutos de busca, localizo as siglas WC e fico feliz, embora julgue que tais letras sejam indevidas para designar o banheiro em um país colonizado por 500 anos de língua portuguesa. Ao me aproximar de "Walter Close", sinto que falta uma consciência moral, já que ainda somos submissos ao poderio do capital estrangeiro, seja no comércio, seja na língua – achei melhor personalizar com uma forma mais sonora para os brasileiros, já que "armário de água" seria um pouco hidrotécnico para "water closet". Estou em frente ao novo amigo, todavia, diante da pequena entrada que permite o acesso, há uma placa informando que no momento é proibido entrar naquele sítio. Nas instalações há um funcionário trajando uma camisa e calça verdes, com emblema de uma empresa de limpeza. Completa seu traje um lenço tricolor com destaque para o azul — parece feito de algodão — e uma velha sandália, do tipo havaiana. São vinte e duas horas e trinta e cinco minutos, tudo indica que ele já está encerrando sua atribuição, quando, inadvertidamente, pergunto: "Demora para liberar o acesso?".

Dez minutos se passam. Na minha arrogância desmesurada, e sob um tom quase ameaçador, falo: "Você não escuta bem, prefere que eu escreva minha pergunta?". Em um impulso, graças à ironia, acrescento: "Se continuar esfregando com tanto desleixo essa piaçaba, talvez ela se transforme numa varinha mágica e aí, ao final do serviço, você encontrará onde termina o arco-íris e um pote de ouro!". Sorri contente com meu ego.

Foi nesse instante que fiquei convencido da minha falta de inteligência e da observação inócua que havia feito. Se minha intenção inicial era mostrar poder, a segurança do limpador de latrina me levou para um terreno movediço, no qual, devido à inversão de polos, provou-me que ele tinha uma personalidade forte. Diante de sua natureza viril, tremi. A voz da ironia caiu em um silêncio barroco.

Percebo que seu tronco sequer se move para me responder. Com uma voz frágil, consulto mais três vezes e nada. Na quarta tentativa, com um tom mais irritado, percebo que ele tinha escutado bem todas as outras vezes, já que, ao girar a testa franzida para mim, pega o lenço, abre aquele tecido quadrado, passa na calva cabeça e, em completo silêncio, numa postura de autoridade que se nega em afirmar o óbvio, não me diz absolutamente nada.

Sinto que o zelador demonstra uma espécie de comando no local que, indiretamente, afeta meu corpo, impedindo-me de liberar o xixi que, a cada segundo, deseja com mais veemência se libertar de mim. Depois de duzentas vassouradas para lá e outras para cá, mais três dúzias de enxaguadura de pano, percebo que o tempo é, com certeza, relativo ao observador. Talvez tenha julgado erroneamente, mas me parece que o funcionário da limpeza sente algum prazer em não permitir minha entrada em seus domínios com os zigue-zagues aleatórios. Atrás de mim, mais duas, três, quatro pessoas com a mesma necessidade; todas retidas pela postura dele. Algum tempo se passa, e mais pessoas se somam à igual vontade, porém, mesmo perante aquela multidão, levando a vassoura de um lado para o outro, ele divide seu olhar entre a piaçaba e o mais trêmulo e indeciso ser na sua frente, no caso: eu. Seu olhar pousou na minha antiga face – eu já era um verme tremendo de medo. De imediato, noto que não se trata de uma espiada erótica – o que me deixa mais calmo, afinal, ninguém olha um verme com desejo carnal; todavia sinto que ele invade minha intimidade, retira minha humanidade, já que, com os seus olhos, ele me despe da minha segurança existencial, a qual só cresce à medida que me observa com uma diligência zelosa, sem, ao menos, alterar a respiração. Como eu não sei o que ele quer de mim, resta ficar abespinhado por aquele gigante que, mesmo tendo um exército à frente de si, mede a todos com desdém. Independentemente do número de pessoas que cresce e cresce querendo acesso aos banheiros, o desprezo dele deixa claro que a entrada no Walter Close só ocorrerá com a sua permissão.

Estava bem entendido que era inevitável aguardar o fim da limpeza; não obstante, um empregado de uma viação chegou pelo lado, chamou, falou algo no ouvido dele e entrou. Uns e outros se opuseram ao acesso; contudo um único encarar do GIGANTE, e os murmúrios se silenciaram. Ao meu sentir, havia uma perceptível cordialidade entre os funcionários, já que as duas faces, mesmo sem palavras, comunicavam-se. Bastou um olhar entre si, e nosso carcereiro permitiu que um entrasse e que tantos outros fossem impedidos. A presença da urina que não sai de mim faz com que um mal-estar generalizado ocorra em meu corpo. Um pouco de ousadia toma conta de mim, e incito um passo rumo ao banheiro: sou barrado. Isso, claro, colocou-me no meu lugar? Não. Faço mais um gesto de atrevimento, insinuo que aceito usar até o *toilette* feminino – eis aqui outra expressão que julgo incongruente –, mas ele nega. Um murmúrio inespecífico se forma em frente às latrinas; parece que se configura um movimento popular pela libertação do acesso aos banhos públicos, e aí acontece o inesperado. Ele retira a plaquinha, consente que o usuário saia, recoloca a tabuleta no lugar e, ao final, em uma mensagem codificada, os dois dizem simultaneamente: "Grato!".

É verdade que essa singularidade exige uma reflexão, mas o medo e a vontade de jogar fora o xixi são um obstáculo a qualquer exercício racional. Ele pega seu lenço azul e acena para o que se vai; esse, vira-se e usa outro lenço, de cor vermelha – pode-se dizer que, em um comentário sinistro, há um jogo de sinais secretos entre os funcionários que ali trabalham que se manifesta pelo balançar dos tecidos quadrados de algodão. As tonalidades e os movimentos apenas degringolam quem nada entende, somado ao mal-estar da urina contida dentro de si.

O lenço era uma resposta evidente, mas também uma atitude desafiadora, já que o sacode também em nossa direção. É nesse saracotear de panos coloridos que me veio a primeira indicação ideológica, de base cristã. O gigante não só mostra um sentimento de gentileza com os seus próximos, como também denota suas qualidades de herói, pronto para qualquer atitude, inclusive desmoralizar o inimigo diante de si, o que me assusta ainda mais: ele não tem limites. Aquela piaçaba é uma relíquia sagrada, uma arma forjada pessoalmente por Hefestos e abençoada por Ares, deus da guerra. Por que motivo fez todas aquelas pantomimas? Seja como for, ele sabe do seu domínio, pois, em seu gesto, ficou clara a sua mais pura demonstração de poder – penso comigo –, o que era inaceitável. Os políticos faziam uso desse procedimento, mas nunca havia visto tanta ousadia em um imperador de latrina.

Algo me remói no olhar desse homem. Não sei bem o que é; talvez fosse sua insensibilidade ante uma multidão de pessoas hipotecadas na solidariedade do xixi. Eu o repudiava a cada microssegundo do tempo; ao final, perguntava-me, por que deixo ele me colocar nessa situação? Nos instantes de tempo, longos e longos, por mais que chegassem outros com a mesma vontade dos que ali estavam, ele continuava absorvido no movimento de levar a piaçaba de um lado ao outro e, às vezes, girar a testa para mim. Todavia, ao passo que murmúrios baixos dão o sinal de protesto popular, ele volta o olhar para nós, especialmente para mim, com olhos de quem disseca meus medos e, igualmente, examina o primeiro alvo de seu ataque, transmitindo, em minha direção, uma mensagem nítida com sua face: "reconheça seu erro". Sinto medo! Como um morto, não tenho mais nada a dizer. Ele é um demônio, lê meus pensamentos, estou circunscrito a suas garras. Com a língua mais trépida e em silêncio, o corpo só pensa em como se livrar dessa circunstância – confesso: eu já tinha sentido medo alhures, no entanto nunca perdi oportunidades para tagarelar floreios entre pessoas; a meu ver, não se deve perder uma brecha para manifestação egocêntrica do ser vaidoso. Não obstante, havia algo a mais naqueles olhos sem forma e cor, algo de amoral, o que me deixava ainda mais perturbado. A piaçaba parou – eu já disse que ela foi feita por Hefestos. Naquele átimo, no qual a desordem ganhava contornos inusitados, perdido na imprecisão dos murmúrios que cessam e ressurgem ao zigue-zague da vassoura, constato, atrás de seu corpo, na parte em que as trevas escondem a luz, meus olhos, à custa do mal senso, enxergam contornos da silhueta de uma abominável criatura que não ouso descrever em palavras. O medo me paralisa, e sei que estou preso em suas teias, isto é, pelo seu olhar. Não sei se as vítimas de Alex Delarge, personagem do livro *Laranja Mecânica*, de Anthony Burgess (2004), sentiram tanto temor quanto o que sinto nessa ocasião. E, para piorar, meu celular vibra com as *Quatro primaveras*, de Vivaldi, mas minha imaginação, que congela meu cérebro, fantasia que escuto a *Nona sinfonia*, de Beethoven, música predileta do delinquente Alex. A imaginação sem o controle da razão traz amargas situações ao mundo real.

Fui domesticado em um projeto católico, o que me impele a circunstâncias de medo e agonia, retornar à fé labial. As doutrinas cristãs, apesar de tudo, ainda esperam que as contaminações do mundo purifiquem meu coração, articulando atitudes simétricas entre os lábios e o músculo cardíaco, porém, até lá, sou um cristão dissidente a serviço da matéria. A obsessão do medo me inquieta, e não gosto dos efeitos de suas escoriações em minha pele, tampouco quando me proporciona um endiabrado temperamento. Que o diabo fique longe de mim! A submissão ao temor não difere, não permite distinguir uma ameaça real da aparente; contudo, independentemente da clara distinção, preciso me agarrar a algo que sirva de defesa. E já que a razão se escondeu de mim, e o Gigante insiste em me mirar, como se estivesse me dizendo algo com seus lances, fico quieto para que desvie seus olhos. Estou dilacerado, com as entranhas expostas, afinal a piaçaba nas mãos de Alex — do meu Alex — é, sem dúvida, uma ferramenta de guerra, de morte.

Quem sabe, num esforço, eu consiga fugir. Sim; suspeito que uma ação enérgica me permita escapar dessa prisão, da vigília daqueles olhos. Melhor saída: pelo desembarque. Entretanto, medindo bem, vejo um longo caminho até ele, impossível de ser cruzado. Ademais, minhas pernas trêmulas não me pertencem. E esses malditos murmúrios... Uma saída à parte deve ser aberta, talvez, com um objeto que me sirva de arma. Passo a examinar as coisas circunscritas. Ao lado, no cantinho da velha rodoviária, ali, no limite da cerca que protege a entrada principal do WC, vejo tanto uma sova de pão, disputada entre duas baratas, como também, mais adiante, uma garrafa de cerveja, que poderia ser usada para quebrar a cabeça dele, logo depois, o caco que sobrasse eu poderia enfiar em sua garganta. Havia, de fato, uma disposição para o crime. Estava não só amedrontado, como disposto a seguir os passos de Caim. Afinal de contas, ele tinha destruído com seus olhares minha arrogância, o que me obrigava a pensar em outras perspectivas, como todo herói cristão que mata em nome da fé. Já estava bem reduzido em minha condição humana, qual mal faria ir um pouquinho além dos limites das regras sociais?

Não se deve julgar quem se vê tomado por um medo, pois o homem, quando colocado em seu estado natural, tem as vistas não cobertas com os tecidos sociais. Cabe, ao menos, considerar que, no caso em lide, eu estava ameaçado. Tudo isso, por mais que pareça constrangedor, poderia terminar se as pessoas à minha volta deliberassem arrancar aquela "plaquinha" que nos separava de nosso objetivo comum – diria até político-sanitário. Vê-se bem que não podia contar com companheiros de urina retesada – aliás, qual seria o nome dado a este grupo? MUR? Daí em diante, percebi que estava só em qualquer ação. Todavia minha carreira de protagonista não seria longa, já que, tomado pelo terror que ganhava dimensões desconhecidas a cada instante, não me restava outro caminho senão oferecer a outra face. Não sou dado a resistências. Entendi que a situação era perigosa e o melhor que se poderia fazer é a inação católica – já disse que sou fruto de uma união católica? De mais a mais, eu era algo para ele; mas o que? Além disso, eu não sei por que ele me escolheu para sua atenção. Eu estava imóvel aos seus olhares, embora uma sensação que não vinha da razão me dizia que, em meu coração egoísta, eu deveria ser castigado. Ora, tramar um assassinato, ainda que no reino da hipótese, não é uma coisa tolerada por um cristão – sobretudo por um péssimo representante dessa doutrina. Talvez, tenha aceitado o castigo porque estava desprovido de liberdade ou, ainda pior, por conta dos efeitos das palavras cristãs que ecoaram em pensamentos. Qualquer que seja a explicação, à sua maneira, ele invadia minha privacidade e conhecia bem meus pecados; e isso sim era motivo suficiente para aceitar minha punição. Quiçá, fosse um ser angelical, decaído, pronto para realizar sua tarefa, conquanto desconfiasse que teria alguma satisfação particular em cumprir tal atribuição. Aos escrupulosos que não entendem o subconsciente de um cristão moderno, tais coisas fossem apenas justificativas puristas para um desejo psicanalítico de autopunição; havia, porém, uma Inteligência arquitetando os movimentos. Uma coisa era certa, aquela criatura, meio anjo ou, então, meio demônio, sabia usar a violência do olhar.

O caminho da redenção passa pela crucificação, e não adianta negar tal verdade ao cristão adormecido que há em cada um de nós, pois, bem antes que as mãos se cruzem e se encontrem sem movimento no peito, todos sabem que essas verdades estão entrelaçadas na cultura ocidental; e mesmo aquele que recusa tais valores não apreende que a nossa linguagem, que é a única maneira de manifestar os sentimentos, está contaminada de cristianismo, por essa força, interiorizada desde a tenra idade, que ressurge em momentos agonizantes nos quais as circunstâncias distraem a razão. E não adianta gritar aos espíritos, à frente só há o vento! Foi assim, sentindo que o medo havia tomado toda uma educação formal e, igualmente, me levado ao sentimento primevo do temor mais radical, que senti o retorno da paz.

Olho o relógio e percebo quantas coisas aconteceram em apenas dois minutos. Ao mesmo tempo em que a paz retorna, vejo que a placa é retirada; vou direto ao bidé, mas não consigo fazer xixi. Permaneço mais dois minutos inerte, sem qualquer micção. Não entendi por que a urina não sai, mas, ao termo de mais um minuto, enquanto as substâncias minerais e orgânicas vão sendo excretadas de minha bexiga, sinto um prazer indescritível, talvez um dos mais profundos contentamentos experimentados na dimensão sensível da existência. Decerto que há outros prazeres na vida, mas creio que quanto maiores os impedimentos de urinar, maior é o prazer proporcionado pela micção. Mais do que alívio abdominal, sinto que a ameaça era irreal e que, lentamente, estava sendo substituída por um triste pensamento: vergonha. E não há muito o que se falar agora, não tanto com palavras, não tanto com a razão, mas, quiçá, com esse sentimento penoso que queria tomar minha alma de assalto; eu, porém, resistia. Diante de outrem, quebrei minhas ilusões infundadas, aboliu-se a casta dos arrogantes, à qual me filiei. Eu sabia que tinha crenças erradas, mas, vendo-as decomporem-se ao olho de outro, percebi que a perda de sangue era inevitável. E como um organismo sem suprimento, minha convicção mais íntima se esvaiu, embora, até o presente momento, recusava-me a contemplar conscientemente o cadáver do meu engano, já morto. Saio do banheiro.

Deixo Walter Closet para trás, olho o relógio e constato que mais dois minutos se passaram. Olho, mais uma vez, para o dono dos sanitários da Estação Rodoviária e, pensando acerca de tudo, posso dizer que, a partir desse momento, eu entendo bem o que Einstein disse: o tempo depende somente do observador.

Sou um homem tranquilo novamente. Retorno à rampa que me permite esperar o transporte tipo leito que me levará ao destino. Um ônibus novo e bonito para em frente a mim, mas segue para outra cidade. Na entrada dele, o motorista verifica os bilhetes e, depois, entrega lanches e mantas aos passageiros para esquentá-los do frio do ar-condicionado do ônibus da noite. Um pouco mais atrás, uma sombra do que teria sido o primeiro modelo que substituiu as antigas carroças puxadas por cavalos. Logo depois, circulando por ali, o homem de lenço vermelho que desconsiderou multidões e placas e adentrou no banheiro – penso em perguntar: "o que você disse ao homem de lenço azul?", no entanto fico quieto vendo-o entregar mapas de viagens aos motoristas. Por mera coincidência, quando me viro, vejo-o ao meu lado. Então, pergunto:

— Este não é o ônibus que segue para Politeness?

— Não – responde e continua – este é o leito de Educolândia.

— E aquele atrás?

— O comercial para o mesmo destino.

— Qual a diferença? São tão parecidos.

— Bons passageiros – ele me disse – têm o mesmo tratamento, o que muda é só o horário de chegada no destino. O leito tem menos paradas.

E, sem mais, seguiu com suas atribuições dando-me as costas.

Quase meia-noite, e o leito para a direção que sigo não aparece. Pouco tempo depois, olho na outra rampa e vejo o substituto das carroças parado com o motorista gritando: "última chamada para Politeness".

— Como assim? – disse. — Não era possível uma passagem tão cara para uma viagem tão longa que seria feita em um asno de ferro, transporte que já deveria estar em uma velha oficina, doando suas peças para outros mais novos.

Ele pede o bilhete, confere e me diz: "poltrona três".

Sento-me o mais rápido possível porque descobri que eu sou a razão do atraso do ônibus. A poltrona vai para trás, volta para frente. Tento fixá-la, mas sem êxito. O carro já em movimento, e eu insisto em ajustar o comando da cadeira, mas percebo que ela está quebrada. O "segue para frente e para trás" me acompanhará até a próxima parada, já que o motorista só poderá me assessorar, nas palavras dele, "na próxima parada".

Durante duas horas, indo para frente e voltando para trás, em uma espécie de purgatório, vou ao motorista que disse que nada poderá ser feito até a próxima parada, e mais: "basta apertar o botão de ajuste!". Que absurdo! Como se não bastasse me negar auxílio, ainda duvida que eu fosse capaz de colocar de forma que fique operacional a poltrona. Com base nesse insulto, fiquei calado durante o resto da viagem, mas meu orgulho já estava muito ferido.

Chego ao destino. Ali, chamo o motorista. Ele concorda que a cadeira está quebrada. Na estação de Politeness, um senhor me espera com um sorriso gentil, no entanto, como minhas costas e orgulho ferido doíam demais, não retornei a cordialidade. Levou-me ao hotel. No saguão, outro senhor gentil tenta me mostrar sua competência e domínio das coisas do lugar, dizendo-me que não há reservas. Ele, contudo, conseguirá um quarto, mas não antes de tomar 45 minutos do tempo de um homem que foi de frente para trás, de trás para frente, em uma viagem de seis horas.

Minha alma sobe ao quarto para um banho e um pequeno descanso de duas horas antes de trabalhar. Na cama, entre sobes e desces imaginativos, cochilo. Em Politeness, graças às diversas gentilezas, esqueço todos os contratempos ocorridos na noite com clima agradável e experiências singulares.

Retorno à cidade da qual não deveria ter saído e recordo a piaçaba – eu já disse que foi feita por Hefestos? – que seguia de um lado para outro no chão do banheiro. E, seguindo nesse movimento, levava consigo as águas que tentavam, sem a ajuda de um detergente, desengordurar a sujeira não visível aos olhos de um espectador descontente. Minha razão desperta, coloca-me, mais uma vez, naquele inferno para ver as miudezas dos detalhes sem o furor das bílis que controlou meus sentimentos. Foi nesse reviver que percebi que tudo aquilo se tratava de mera limpeza e, de igual natureza, de que não havia armas de madeira, mas feixes de piaçabas fixadas em um cabo de madeira que limpava as dejeções dos interiores sanitários, contribuindo, assim, com a higienização do local.

A presença da razão possibilitou uma leitura objetiva dos fatos passados. Tudo foi um erro desde o princípio, mas agora é tarde para consertar todos os equívocos que foram graduais e dolorosos para mim por um único motivo: não tive a inteligência emocional para cultivar aquilo que a educação humanitária colocou em meus lábios acadêmicos e mostrou à gangrena de ideias indevidas. O coração pequeno-burguês já tinha consciência de tudo ao término da micção, mas o músculo cardíaco de ideólogo nunca é honesto, nem consigo próprio, afinal de contas, consciências dessossegadas são vitoriosas em sociedades desiguais. E, mesmo tendo apreendido o excesso, não podia reconhecer o gesto naquele momento. Grandes dotes intelectuais sem alteridade são um terrível mal que aflige corações prepotentes. A arrogância não me permitiu ver o erro crasso de toda a situação. Encantado com livros, livros e mais livros de instrução universitária, associada com os sentimentos de intolerância cultivados por uma sociedade que nega sua desigualdade social, não soube perceber o caminho que me leva a outrem: de sentimento a sentimento! Indisciplinado com o controle das emoções, julgando que a hierarquia social me dava o direito de prescindir de boas maneiras, fui inábil em lidar com as emoções, o que fez com que o monstro da imaginação ganhasse delineamentos indevidos. Tudo seria diferente se eu fosse gentil; se, ao invés daquela abordagem, tivesse começado assim: "Boa noite! Tudo bem com o Senhor? Eu estou muito apertado, eu sei que o Senhor está limpando e que atrapalho seu serviço, mas, dado o estado em que me encontro, o Senhor me daria licença, por favor?".

Todas essas palavras pertencem ao discurso das boas maneiras, no bom sentido das coisas, abrem não só portas fechadas, mas também corações insensíveis. Afinal, se somos seres sociáveis, tudo o que escapa aos bons modos é uma falha da sensibilidade.

Decerto que causei uma enorme decepção em pessoas, principalmente em meus pais, que gastaram uma parte considerável de seu tempo tentando me fazer um ser humano melhor. Com pensamentos inespecíficos e tortos, e sem qualquer educação aparente, perdi uma excelente oportunidade de praticar aquilo que aprendi tantas vezes nos mesmos livros que indevidamente me deixaram pensar – só porque os leio – que sou melhor do que qualquer outra pessoa. Ao vasculhar os cantos da Estação Rodoviária, não encontrei o homem que me propiciou uma boa lição acerca do sabor da cordialidade. E seu lenço, que era branco – na mesma proporção tricolor do azul e vermelho –, não servia para esconder ou limpar sua calva cabeça, mas para mostrar que queria paz, ainda que o incauto doutor não soubesse traduzir o significado das cores. Descobri mais: à noite, no período das 22h00 às 04h00, os banheiros não são mais limpos há tempos, pois sem horas extras não haverá limpeza.

A instrução pode levar ao conhecimento das ciências, mas a boa inteligência ensina que a realidade humana se abre e se fecha para outrem por meio dos sentimentos. Aliás, essa é a tarefa do viver bem, saber conviver!

ERA SÓ UMA BRAGUILHA, TALVEZ

— Doutor, é só uma braguilha! – e continuo: — Não é só imprudente dizer tal coisa, como também não é seguro insistir nestes diagnósticos. Além disso, este diálogo fraterno já excedeu os ditames da psicanálise e, aos olhos dos teus colegas, esta relação terá efeitos danosos. Assim, não concordar comigo mostra que não só é uma imperícia pensar fora da caixinha de sua formação como ainda deixa transparecer que o senhor deseja me atribuir mais uma punição, recorrendo ao teu vocabulário técnico. Tu sabias que o doutor que uso é só retórico?

— Ao que parece, você desenvolveu uma simpatia com chantagens vis e – Freud (1978) segue falando – não aceita conscientemente o quadro clínico. Não se trata de uma escolha aleatória; estamos falando de sinais perceptivos em sua conduta. Tudo bem, leve o tempo que quiser para me dar o crédito, mas não posso deixar de ser um anônimo cônscio que se põe e, percebendo bem o dano futuro que esse seu hábito lhe causa, só recomendo que pensemos juntos para remediar os efeitos dele.

— A meu ver, era só uma braguilha! Não sofro de qualquer distúrbio psicossexual, apenas sigo amando, doutor, sigo amando. E, por favor, esqueça os manuais, pois o sentimento que carrego por aquela mulher é absoluto, a ponto de só lhe desejar o bem. E, a despeito das suas classificações, sei perfeitamente distinguir um impulso doentio de um sentimento nobre, generoso e sereno, que busca somente a perfeita ideia do amor em si.

Aos que se prendem às forças teóricas da língua e, por isso, são cultuadores do pretérito, nada mais do que o elo de tolher algo entre dois cadarços. Licenças dadas ao psicanalista, não são menos corretas, todavia as palavras, com seus vícios e virtudes, que são mais do que convenções linguísticas: elas servem para manifestar a si próprio o que nós somos, ainda que seus donos condenem aquilo que até este tempo não foi dicionarizado. Quem sabe, no porvindouro dos dias, o avançar das pesquisas científicas não veja esse meu exótico "hábito" ser chamado de fenômeno cultural. Ora, essa é a minha crença e, em consequência, lutarei para preservar a inevitável perda nostálgica daquele momento primevo. Salvo se a reminiscência de um paciente pareça obscena ao seu terapeuta, o que leva o primeiro a ser criticado pelo segundo, porque a comunidade dos experts recomenda. Na procura da tua verdade, caso um dia alcance-a, digo-te que a mim isso pouco importa, já que contradiz as crenças que organizam minha existência. Aviso-te que estou resoluto em seguir minha lógica, ainda que ela combine com teu maldito conceito de compulsão à repetição, mesmo na eventualidade de que seja neurose. Encanta meus olhos e ouvidos reproduzir incessantemente esse ato, que é uma maneira de confirmar um desejo de liberdade. Decerto que as instituições sociais que nos regem não conseguem entender esse comportamento que proporciona um prazer inefável.

 A um leitor externo que se interesse por esse diálogo e considere oportuno ter uma compreensão geral do que ocorre aqui, irei, a seguir, em forma mais ou menos coerente com a lógica que me move, detalhar, desde o início, o caso de amor que me levou ao psicanalista. Além de contar a história, na verdade, tentarei demonstrar que meu apego ao passado é um jeito de preservar um momento ideal que me permite viver de modo simples minha vida.

 Desde que consegui pronunciar algumas palavras, fui seduzido pela deusa do amor, encarnada em Susana Ditongo. Ela é o tipo de mulher que mexe com os instintos mais primitivos das pessoas, ainda que os afetados não tenham clara consciência da sua influência sobre os indivíduos, independentemente do sexo. Talvez seja estranho dizer isso, mas Susana era uma espécie de chave mestra para qualquer fechadura, cujo uso abriria inumeráveis portas. Anonimamente e sem noção do seu efeito, quando Susana dedicava sua cuidadosa atenção a uma pessoa, em minutos, dores, ânsias, angústias e todos os males da humanidade se silenciavam. E, embora eles retornassem quando Susana voltava seu olhar para outro ser, ao menos vinham mais calmos.

Susana era uma fêmea arrebatadora. Quando acolhia alguém em seus braços, não tinha aquele que não atraiçoasse sua história – até mesmo o homem de temperamento ameno. Sua graciosidade consiste em um par de pernas bem torneadas, uma silhueta meio oval, cabelos lisos. Decorre o tempo e ainda sou dominado por sua lembrança. Além das características espirituais elevadas, ela era um arquétipo de mulher que fere lascivamente nosso corpo, mesmo quando em silêncio. Ao caminhar e gesticular, assemelha-se a uma fornalha em plena queima de combustão, produzindo calor suficiente para ressuscitar cadáveres frios.

No que diz respeito aos seus lábios, eram dessimétricos, mas, ao sorrir, ela conquistava o humor involuntário de qualquer pessoa a quem se dirigia – fui uma feliz vítima. Já o nariz era meio imperceptível por conta dos óculos bem acomodados. Quanto aos olhos, o que dizer? Eram diferenciados, não saberia descrever a beleza das íris, retinas e córneas. Não obstante, em uma prodigiosa confluência de coisas, em todas as oportunidades que os tive em vista, percebi que eram portas de possibilidades, posto que seus olhos falam diversas línguas, sendo capazes de se comunicar com muitos corpos distintos. Graças à lírica que emana concomitantemente de seu corpo e espírito, sua presença nos mostra o quanto estamos divididos somente em corpos e corpos, sendo estranha aquela unidade dual conseguida por ela. E os que estão sob sua influência se impactam com esse saber. Diante dela, uma sensação de bem-estar toma nossa existência, alienando as vontades originais. E, quando a pessoa julgava ter alcançado o bem supremo, ao menor movimento das pálpebras, abrangia um toque mágico e, simultaneamente, algo acima do bem último, além do bem soberano. Não há uma palavra melhor para descrever esse estado senão dizer "encantado". Ora, à sombra da contemplação, que se foda o mundo!

As demais partes do corpo dela são comuns, não merecem uma descrição. Em uma multidão, entre outras mulheres, passaria despercebida. Até suas belas pernas seriam vistas como um mero suporte de locomoção, uma engrenagem humana. No entanto havia algo distinto naquele ser angelical, quando percebido na sua intimidade. Era sua face de demônio inocente que, de tão elegante, escondia, ao mesmo tempo que insinuava, que aquela identidade feminina estava se aproximando para tomar seu ar, suas forças, seu sono e algo maior que se ocultava no mais recôndito não lugar de sua alma. Esse algo inespecífico era sentido por outrem. É verdade que não fui o primeiro a ser tocado pela magia do seu olhar, todavia fui aquele seduzido graças a um fecho-éclair que era, igualmente, embaraçoso e fonte de regozijo.

Como se vê, Susana era uma mistura doce e misteriosa de desejo e destruição; para o seduzido, porém, era mais um processo contínuo de perder-se em si para migrar aos sonhos dela, caindo na morte, a cada instante, em virtude do desejo nutrido por ela, que arrebentava as defesas naturais que a razão usa para se dedicar aos nossos reais interesses. Perante sua face, havia apenas servidão e uma espécie de esquecimento de si, já que a gente se tornava um humilde servo que aguarda docemente a próxima dose de cicuta. Não mata, mas consome! Conviver com Susana era vivenciar o ato de sua contemplação e desordem para seguir seus propósitos camuflados. Como é natural, o apaixonado não constata que, paralelamente ao amor que cresce em si, vai se tornando escravo daquele ser que, por deslocações, não identifica que o diabólico anjo se realiza dentro de si e se confunde com o amor.

Na minha biografia, não tenho como esquecer sua voz, até a de quando me insultava de modo leve:

— Vê se não afrouxa! – dizia ela. — Afinal de contas, você me garantiu que eu podia contar contigo.

— Decerto que sim – respondi –, mas está insuportável!

— Muita gente suporta, desde que haja resiliência.

— Não duvides das minhas – disse.

Meio desequilibrado, por mais que tenha sido doloroso para meu corpo tenso e cheio de ardor, vê-la com a língua nua me dizendo: "Levanta mais uma vez!" me fez acreditar que ainda há uma reserva de energia em minha vontade, mesmo que seja um risco à virilidade.

Era óbvio que eu queria obedecer, mas já estava cansado e sem forças. Ademais, havia horas estava com as mesmas vestimentas de Adão, embora desconfie que o meu algo seja menor do que a flor de parreira. Diante das suas súplicas, sem roupas, olho cuidadosamente o acentuado desvio matemático dos seus lábios; contemplo seus olhos; sigo sua voz. Dois botões de sua blusa, estilo ciganinha, azul, com desenhos de flores, estão abertos, o que me possibilita uma visão de seu colo. Outro botão salta, talvez por psicocinese. Com a gola livre, seu pescoço convida minhas mãos; porém o medo e o atrito, o cansaço e a dor me impedem de ir ao encontro daquele corpo nu – preciso de seu chamamento. Mais uma vez, instigo meu cérebro a proceder a outro movimento mental, obrigando-o a me convidar para si, quando ela diz: "Você está pronto, meu herói? – com aquela voz suave, quase maternal.

Depois, como uma força enérgica, pede que eu me aproxime, calmamente toca e segura meu órgão caído e frouxo que tenta, com insucesso, levantar-se e mostrar seu vigor. Ela repete:

— Parece, enfim, que você está pronto. – E continua: — Confie em mim, eu vou fazer com todo o carinho, está inchado, mas eu tenho certeza que você aguenta!

Naquele instante, em que meu órgão sexual estava em suas mãos, eu tive a certeza de que ninguém nunca mais o tocaria com tanto zelo, ainda que julgasse inconveniente o exame que ela procedia no pênis. Cada toque uma dor e, de igual natureza, um prazer. Inerte, com um órgão mole ali, senti-me como um "viking inviril", envergonhado nos braços da mulher que mexe com meu coração. Penso: "ela merece uma reação peniana". Mas minha intranquilidade não passa despercebida, já que ela vira o olhar e silencia os murmúrios; volta-se para mim e diz:

— Respire fundo, você verá que é fácil, é uma questão de concentração. Afinal de contas, um homem sabe que a vida lhe exige sacrifícios.

Sinto uma malícia em sua fala, como se julgasse conveniente embotar minha sensibilidade ao mesmo tempo que, com sua forma leve de me tocar, me excita. Talvez, eu tivesse poderes psicocinéticos e não calculei bem essa força, embora tenha resultado num fracasso. Contudo quem sabe fosse uma técnica tessálica, uma bruxaria romana, mas sem sucesso! No entanto não percebo o último movimento dela, apenas vejo o zíper da braguilha em sua mão. Uma dor imensa me chega pelo órgão sexual. Ela volta sua face para mim com uma expressão de sucesso e, do mesmo modo, com um pouco de tristeza e decepção em seus olhos. A face demoníaca parece desapontada com o que vê. Parece que meu corpo não foi capaz de servir sua rogativa. Eu penso comigo: "se o desejo consistia em uma boa vontade espiritual, bastaria, então, que eu tivesse entregado meu corpo para sua realização, canalizando minha energia para a contemplação da Vênus". De qualquer forma, que se veja o caso: eu atendi às incessantes pressões de Susana, o que não frustrou sua intenção, "voilà!". O cadarço de metal estava em uma mão, meu pênis sangrando na outra. Naquele átimo, tive a sensação de que nossas almas se comunicaram por meio dos corpos, sacralizadas pelo pequeno e ininterrupto sangue que escorria do órgão intumescido.

— Então – ela me pergunta, ainda me sustendo no colo –, vamos dar seguimento?

Percebo que a inocência demoníaca retorna à sua face, seus olhos brilham, meu coração se embriaga com as palavras dela, a dor é esquecida e, sem que ninguém esperasse, digo:

— Que venha a morte, meu corpo é teu, avança com tuas mãos e usa o que julgar necessário para realizar tua tarefa.

Essas palavras renovam toda a sua disposição, a figura meio tímida, meio amorosa é a protagonista da ação. Antecipando-me a todos os seus movimentos corporais, entro de cabeça naquele baile de pecado. Meu órgão ressuscita em suas mãos. Sua boca faz mil deslocamentos com doces palavras dedicadas para mim, seus lábios mordiscam a ponta da língua em zigue-zague. Outro botão de sua blusa ciganinha se solta [meus poderes continuam em ação]. Em pé, acompanho seus movimentos e digo que algo ainda dói. Ela pega um chumaço de algodão – lembro do cheiro de éter ganhando o ambiente –, olha para mim e diz:

— Ficou um dente do zíper – quando ela puxa –, ah! Consegui! Não doeu tanto, não foi?

O combate principal findou-se. Mesmo com o orgulho perturbado, sinto um pouco de vaidade. Talvez, em outra época, meus antepassados pudessem enfrentar tais circunstâncias com mais hombridade, mas, quanto a mim, não tive dúvidas, mesmo dividido entre o sucesso, o cativo olhar da mulher que me despertou tanta dor, só pude gritar como um guerreiro:

— Aiiii!

E saltei lágrimas dolorosas, mas não chorei, como um herói virtuoso que sente a perversão do inimigo em lhe infligir sofrimento, mas suporta tudo resignado. Cá entre nós, senti um imenso prazer, com uma dor aguda que terminava com o sabor satisfatório de quem se choca diante da obra de arte, valorizando, todavia, o lado estético e o conflito do artista. A vaidade retornou, e o inferno se foi, mas descobri que um gosto estranho encontrou lugar em mim; não soube apontar bem naquela hora, porém a insaciável dor começou a ganhar terreno "melificante" na engenhosa operação de retirar o fecho-éclair sem uso de anestésicos. Apreendi, então, que ele se afastava, pedindo que uma enfermeira concluísse o trabalho. Não tive dúvidas sobre o que fazer. Chorei, chorei tão alto que ela retrocedeu. Pegou minha cabeça e a levou para junto do seu peito, com dois seios fartos e suculentos. Minha boca se dividia entre pequenos gritos de choro e o recolher, de modo imperceptível, a combinação produzida pelas minhas glândulas lacrimais e as sudoríparas dela, enquanto minhas narinas se deleitavam com as emanações do corpo de Susana, que me acolhia gentilmente em seus braços.

A deusa de Vênus, com seu belo par de seios, respira lentamente e me diz:

— Você mostrou que é um homem para mim! Então, agora que o pior já passou, temos que limpar, colocar pomada e, finalmente, pôr uma roupa limpa. Tudo bem? Eu garanto que não vai doer.

Outras ideias se passaram em minha cabeça, mas nada era mais simbólico do que minha face de patife enganando Susana com gemidos de dor para permanecer sob os cuidados exclusivos dela. E o sangue em suas roupas, que prova de amor! Cada expressão inarticulada de dor, totalmente planejada, era a amostra de que a corrupção não titubeante constituía uma ferramenta eficaz na conquista da glória. Sem fraudes, a glória em vida não é completa. Ao lado, um pênis inchado, mas orgulhoso de sua façanha. Aquela aliança que entregou parte do meu corpo para sacrifício em busca de um bem maior, mostrou-se uma aventura memorável; cada hematoma assegurava a garantia de uma virilidade ainda maior do que a concebida na cópula tradicional. Sou interrompido nas sequências de minha imaginação. Ela pede que eu me deite. Limpa-me com um cuidado divino, renegando o próprio corpo, no qual se veem respingos de sangue. Limpa e limpa. Ela passa a mão em meus cabelos, vai até o local onde assina as receitas, abre a gaveta e traz um pirulito de uva para mim. Recebo-o como um troféu que ainda tenho guardado comigo. Olho mais uma vez para ela e percebo suas pernas bem torneadas, sua boca e, por fim, seus olhos mágicos. Sua fisionomia não tem mais nada de diabólico, assemelha-se agora àquelas santas barrocas, o que me traz uma cachoeira de ideias de pecados e perdão. Desde então, sempre que vejo uma imagem barroca protegida em museu, sinto que Susana está ali me esperando, o que me faz pensar que o amor pode ser com e sem toques – sou a prova desse tipo de sentimento.

Na saída, ela me diz que é preciso ter cuidados, que devo me acautelar com todos os perigos que são perniciosos aos corpos em recuperação. Nesse momento, em um atrevimento indevido, minha mãe se intromete entre nossos olhares e pergunta:

— Preciso levá-lo a um urologista? Esse tipo de situação não prejudica os rins e a bexiga?

— Não precisa – respondeu Susana.

— Puta merda! Como não?

Queria protestar e dizer: "cala a boca, mãe!" Faltava-me coragem. Afinal, aquela outra mulher também era carinhosa, mas intocável na parte física, bem como no que concerne a pensamentos que me excitavam. E nela faltava tudo o que me motivou retornar ao consultório da doutora Susana Ditongo. Sim, mãe é uma coisa, Susana, outra. E, como não havia mais riscos, minha mãe começou os sermões e os conselhos de não usar calções sem cuecas [eu me recusava ao uso de peças íntimas, mesmo depois de Susana me mostrar que ocupo posição de destaque nos índices estatísticos do Código de Doenças Internacional; no fim das contas, só com Susana repeti esse mesmo procedimento seis vezes. Eu era uma criança de 9 anos com o cerebelo bem desenvolvido, apaixonado pela médica de olhos demoníacos. Eu era uma criança, mas gostava de dores infinitas, com proeminências advindas das braguilhas com cadarços de plástico ou metal que prendiam o pênis. Meu maior paradoxo, até esse momento, é não saber exatamente o que mais me motivou a ser um pilantra que, já na convalescença, tramava com qual braguilha iria se ferir logo que o inchaço fosse embora e se iria para ver Susana ou pela dor.

Após Susana ter se aposentado, não havia mais motivos emocionais para seguir naquela bizarrice, mas o fascínio da dor e prazer do zíper tolhendo e, depois, liberando meu pênis corrompeu qualquer inteligência disposta a me convencer de que aquilo não era saudável, isto é, provocar uma chaga dessa monta em meu corpo. Tenho uma clareza: sou dominado pelo prazer e pela saudade de Susana Ditongo. Ela sempre aparece com seus olhos sedutores em meus sonhos e delírios. O psicanalista insiste que me encaixo no perfil de uma neurose, conhecida como compulsão à repetição, uma espécie de masoquismo. Discordo dele, a meu sentir, nomearia tal conduta como uma "braguilhafilia". Ele não gosta muito dessa palavra, já que, a cada sessão, ressuscita o tema na improducente tentativa de me conscientizar. Seus conselhos valem tanto quanto os sermões de minha mãe.

Aí está o cenário de minha condição psicanalítica. Foi preciso que três décadas se seguissem para que eu fosse ao consultório de Freud (1978; 1996). Ele constrói narrativas acerca da influência de minha mãe e da ausência da figura paterna para achar uma causa à minha predileção sexual, com o intuito de que eu abandone esse costume (ele se nega a usar compulsão à repetição, julgando que a fórmula cria resistência conceitual – o que pode ser verdade). Recentemente, cunhei minha própria definição, chamo-a de ideia paradigmática de expressão do amor nostálgico. Freud está descontente, mas ele não guarda na memória o tom daquelas palavras de Susana: "Você é meu homenzinho".

Como se vê, há um diabo em cada um de nós; o meu segue pelas emergências em busca daqueles olhos... E enquanto penso em braguilhas, vem-me a ideia de "Susanafilia", o que me leva a um tempo em que ouvia: "Você consegue!".

O VERMELHO E O NEGRO: VERSÃO TROPICAL

Os fatos contados nestas linhas são fictícios, e qualquer semelhança com pessoas reais, e segundo Olin Sier, terá sido mera... ou, talvez, estejamos diante do espelho... ou, quem sabe, em uma fusão entre o real e o imaginário? Será que palavra, vírgula e ponto no lugar dão sentido? Por exemplo.

Nem mesmo o talento de Jane Fonda, no papel de Harriet Winslow, conseguiu passar a ideia de uma paixão autêntica pelo general Tomas Arroyo, personagem de Jimmy Smits, na película dirigida pelo argentino Luis Puenzo, em 1989. Um leitor de Freud (1978, 1996) veria Arroyo como o desencontro invertido do complexo de Édipo, uma vez que nega uma relação com a figura maternal. O general não representa bem o general, tampouco a criança que está no interior de Tomas Arroyo. Gregory Peck, por outro lado, interpretou brilhantemente o espírito irônico de Bierce no filme *Gringo Viejo* (1989). Do ponto de vista da encenação, ele internalizou a ironia e a paixão e traduziu o humor requintado e, ao mesmo tempo, o jeito despojado que orientava a filosofia de sua vida. O ceticismo e a cólera maravilhosos, que formavam o espírito de Ambrose, foram transladados fielmente à película. Afinal, o gosto amargo de sua pena, de sua vida trágica e, ainda assim, pretensiosa, reluta em demonstrar que alguém possa conversar lado a lado, e de igual, com o Diabo. Mesmo tendo uma visão não ilusionista do homem a ponto de entendê-lo como uma espécie que deve ser exterminada, o forasteiro norte-americano caminhou pelas pradarias mexicanas, em meio às suas decepções cotidianas com a espécie humana e também consigo, talvez em busca, não de sua Adelita, mas, como queria revelar Carlos Fuentes (2008), de sua morte.

Continua com descontinuidade. Ambrose Bierce (1999a) escreveu verbetes em seu livro *O Dicionário do diabo*; contudo a APRE-

SENTAÇÃO[3] é especial, na medida em que sugere que a declaração americana pela independência deveria ser iniciada da seguinte forma: "Sustentamos que estas verdades são evidentes por si mesmas: que todos os homens são criados igualmente; que são dotados pelo Criador de certos direitos inalienáveis; que entre eles estão a vida e o direito de fazer infeliz a vida do próximo, rodeando-o por uma multidão de conhecidos; o direito à Liberdade, particularmente a Liberdade para apresentar as pessoas umas às outras, sem se importar com a possibilidade de que possam ser inimigas; e a busca à felicidade do próximo ao cercá-lo de um bando de estranhos". Quanta surpresa, um legítimo filho de Ohio desfazendo em gracejos o lema norte-americano.

Pausa para o momento pseudo filosófico. Escreveu um livro, ou, de forma literária, como ardil, descreveu a existência familiar dos seus contemporâneos? Para Bierce (1999a), os homens estão em uma guerra constante contra seus semelhantes; lobos, no sentido hobbesiano, orientados pela inveja, pela fúria e pelo desprezo pelo próprio humano. Será um extrato que nasce e se esconde no interior, às vezes, de sua existência? Ou puro medo de outrem? Na incerteza da bondade alheia, é costume boa parte das rendas pessoais serem utilizadas na compra de armas e cadeados, o que mostra como a razão lida com a confiança natural da espécie.

Desdobramento em busca do sentido. Para o Diabo, os homens se preocupam muito com a moral por conta dos inimigos, afinal, o impostor é o "rival que também aspira às honras públicas". O que importa, de fato, é ser ILUSTRE ("alvo ideal para as flechas da malícia, da inveja e da calúnia"). Os homens querem o paraíso, mas gostam de imagens do inferno à nossa volta: são crentes de que o mal é uma boa ferida para lamber ou lamentar-se: gostam de seu perfume! Dessa maneira, parece que há uma dissociação entre as ideias e os atos, especialmente quando não se tem em quem colocar a culpa pelas ILUSÕES perdidas. Por conseguinte, como micróbios adâmicos, buscam dignificar a existência, porém, em verdade, são ainda pré--históricos, zombando na escola de que o Diabo, sem saber, pode tornar a todos ainda piores. Todos querem o latíbulo vendido por

---

[3] As palavras em caixa alta são verbetes do livro *O Dicionário do diabo*, de Ambrose Bierce (1999a). Tais vocábulos oferecem aos olhos um recurso para entender o sentido do que foi perdido pelas próprias palavras.

uns e outros que, existindo Deus, não permitirão que esses pracistas sejam admitidos ali. O paraíso não aceita bons comerciantes. E Bierce (1999a) mostra claramente a tese: não há terra para os bem-aventurados, apenas uma porção de areia sobre o corpo, com madeira de lei e cimento, garantindo que o cadáver não ressuscite e volte a perambular. E isso quer dizer que, uma vez saídas do corpóreo, almas incorpóreas não circulem livremente entre os que desfrutam os prazeres e infortúnios dos vivos. Ler Bierce (1999a, 1999b) é uma terapia psicanalítica para o homem, no sentido de que desmitifica os seres invisíveis – que uns querem por perto – ao mesmo tempo, explanando que a civilização é apenas um engodo. Bierce mostra o melhor, nesse caso, o pior que há: seres presunçosos que levam os lábios nas alturas, mas guardam no coração um segredo: eu sou EGOÍSTA. Os verbetes de seu livro expõem que o cuidado com o espírito nem de perto chega próximo àquele dado ao corpo. Bierce, desse modo, talvez tenha realizado uma descrição do pandemônio da condição humana?

Por outro lado, em estreita conformidade com o livro de Bierce (1999a), segundo o anjo da luz, as relações sociais são intermediadas pelo *cui bono* e pela AUTOESTIMA. Condenado a conviver com os chacais, em 365 dias amargos dentro de uma REPÚBLICA, tentam criar uma MORAL seletiva aos nossos interesses com outro, destemperadamente, encorajando outros a realizar o propósito das nossas vidas, argumentando que seu desprendimento está sustentado no sentimento de amizade recíproca e alimentada numa mútua aliança.

Pausa para o momento do autoconselho. Dessa forma, o Diabo aconselha a leitura de *O Dicionário do Diabo*, de Ambrose Bierce (1999a). Finalmente, para entender alguns verbetes, aqui colocados, será necessário recorrer à fonte, nunca ao SICONFANTA, legitimado pela cúria do partido, ou pela iluminação do Senhor. Entretanto devem ler uma estória que não foi contada pelo diabo, não obstante inspirada em suas linhas diabólicas ou, melhor dizendo, profundamente humanas: era uma vez...

Liame entre as partes soltas, ou melhor, "quase" soltas de outras partes. Rubens foi um jovem educado em princípios medievais. Assim, logo que aparecia um estranho ele pedia: "pronuncia xibolete?". Dependendo da entonação do "sh", ele, como qualquer outro faccioso de sua tribo, aplicava logo o artigo 12, arrolados nos incisos de 1 a 15, do código dos Juízes Modernos, porém vinculados à tradição bíblica. Desde cedo conheceu o EVANGELHO, a força dos santos, os trabalhos dos arcanjos e o pecado CAPITAL. Ainda assim estava entregue ao mundo da sedução, da corrupção, como escreveram alguns filósofos modernos. Mas, contrariamente às propostas, sua sede de justiça – mediada pela temperança, ensinada nos colégios jesuíticos, o bom senso, traduzido na prudência e, acima de tudo, no exemplo paterno, visto que os desvios filiais não foram explicitados aos seus desafetos – estava presente em suas pequenas aspirações. A moral de Rubens possuía princípios ideológicos, e seu anseio pelo prêmio divino o afastava com segurança dos bens terrenos. Por fim, sua salvação seria, consequentemente, meritocrática. Carlos nasceu, coincidentemente, ou na estrada que marca o início e o fim do pedágio de sua existência, segundo os clichês cristãos.

  Carlos era um brilhante intelecto, jovem herdeiro das ideias marxistas, sentia a compulsão de escrever uma grande obra sobre os processos que estruturam a sociedade e que fazem, simultaneamente, com que o operário seja escravizado pelo seu próprio trabalho. Sentia-se um exilado em seu tempo, assistindo aos outros de sua idade preocupados com trivialidades. Entretanto suportou durante anos, e com muita dignidade, os estudos dos clássicos intérpretes dos grandes autores e suas fabulosas contribuições sobre as repúblicas, os caminhos da redenção, os tributos que se devem pagar para uma nova ideologia ser edificada, alcançando, assim, a comunidade poética aspirada por Mórus e outros.

  Ligando coisas realmente soltas. Segundo a estória demoníaca, num dia confusamente triste, chuvoso, molhado e, ainda assim, seco, encontraram-se os neófitos projetos de redentores. O jovem que lia os intérpretes de Marx e Engels (1999), Hegel (1995,2018) e tinha uma aversão e, ao mesmo tempo, admiração por Sartre (1978), ainda que não o conhecesse, mas por ouvir sobre sua relação com a feminista Beauvoir (1960), encontrou-se com o leitor crítico de Platão (2010), aquele grego homossexual pervertido na sua compreensão, que nunca ouvira as palavras de Paulo para não se deitar na cama com um HOMEM da mesma maneira que fazemos com uma mulher, ainda que obtenha nisso algum prazer; com Santo Agostinho (1991) e o destino dos homens; com São Tomás de Aquino (2011) e suas leituras aristotélicas; com Boécio (1998) e outros. Duas belas criaturas que sentiam a necessidade de deslocar o homem decaído ao epicentro da existência adequada ao humano. Inspirados em suas leituras e providos de um gênio moral e elevado, cada qual com suas ideias, procuravam, por meio de suas instituições, refletir, à sua maneira, sobre como participar das transformações políticas, econômicas e sociais de sua contemporaneidade.

Conheceram-se e trocaram algumas percepções; um concluiu que o outro estava enganado quanto à interpretação de mundo. Foram somente algumas horas, e se sentiram incomodados para conversar dialogicamente, pois tinham uma compreensão perfeita de si.

Quando indagados sobre a venda de lotes no paraíso por chacais que promovem o inferno de outrem, afirmavam, categoricamente, como se combinado ou, de novo, por ironia do destino, que sim, mas que seus pensamentos não estavam adequados logicamente ao sistema das praxes (REALIDADE); com efeito, um acreditava que a fé cristã salva, o outro colocava sua fé no partido revolucionário. Assim, caminharam separados pelos seus "ismos" e nunca mais se sentaram à mesa para discutir um projeto em comum.

O verdadeiro anjo da discórdia estava presente em seus corações, pois, quando o diabo Belfagor (e demônio algum tem vergonha de surgir do nada) tentou aproximá-los, Rubens começou com um discurso mais ou menos assim: "quando tomamos as ideias sem refletir sobre sua essência, podemos, seguramente, acreditar que são as melhores. Contudo, algumas vezes, podemos nos tornar filiados de coisas equivocadas, principalmente porque temos uma perspectiva sempre acompanhada de enfeites da realidade, posto que cada um se agarra à sua fantasia. Há uma predisposição demoníaca ao envolvimento amoroso que pode ser justificada por obediência, inibição ou pela impossibilidade de participá-la numa reunião, numa assembleia; podemos, de certa maneira, dificultar o chamamento do próximo e nos tornarmos um idiota. E isso se torna mais claro vendo pessoas que adoram o eco do blá, blá, blá de suas palavras que tanto incomodavam o ouvido alheio".

Pula o sentido. Segundo Bierce (1999a), o idiota é "um membro de uma vasta e poderosa tribo cuja influência nos assuntos humanos tem sido sempre dominante e controladora. A atividade do idiota

[...] impregna e controla o todo. Sempre tem a última palavra; sua decisão é inapelável. Estabelece modas e gosto, dita as regras...".

Volta ao sentido. Carlos, por outro lado, afirmava: "que a comunicação era difícil ou praticamente impossível desde já, visto que os homens devem preparar seus destinos e não ficar aguardando a intervenção demiúrgica de um ser divino".

Unindo quase tudo. Infelizmente, nunca se comunicariam, pois não estavam preparados para ouvir o diferente, para entender que o conhecimento, ou, melhor, a leitura, ou, ainda, a palavra só se torna importante, e de fato revolucionária, quando é dialógica, quando realiza comunhão, quando nos faz participar do outro. Não obstante, enquanto se imaginar que uma pessoa inteligente é somente aquela que comunga de suas ideias, estar-se-á enganado. Retinas adoecidas com o sotaque do "sh" não conseguem apreender o que a vida insiste em ensinar: todos são humanos, portanto, frágeis e concupiscentes. Desconsiderar essa verdade ontológica é perder o senso pragmático de que uns são responsáveis pelos outros. E, não cientes dessa verdade, estarão perdidos juntos, sem sucessos antropomórficos. Na qualidade de esclarecido, como Bierce (1999a, 1999b) teria pensado, deixe cada um seguir seu próprio caminho, já que não há caminho algum. Ainda se tem, nesse âmbito, certa culpa, visto que não se distribuem espelhos em quantidade suficiente aos jovens e não explicam aos doutos que interpretam os clássicos, cuja leitura não é uníssona e incontestável. Seria necessário dar um basta às leituras fossilizadas e especialistas com a conivência partidária ou do concílio. Pensam eles que, se não tivessem existido os jovens, não poderiam explicar os interesses produzidos pelos trabalhos, a hostilidade entre as ideias, a inclinação à velhacaria humana, os horrores fabricados pela luta de classes, a identificação e o reconhecimento do outro como outro e sua impossibilidade de reconhecer o eu como outro.

O Diabo então começou a especular sobre suas conversas e sobre a juventude e descobertas do literato, sentenciando: permitam aos jovens pensar, caso contrário, haverá sempre uma onda, um programa ou uma dança para realizar, e esse experiente tradutor e censor recordará, com nostalgia, sua época de luta, sem entender que o tempo permanece o mesmo; só ele se autoengana e grita em estupidez. Lançai as crianças às profundezas da angústia e da possibilidade de pensar o impossível, já que o possível foi trilhado e nele nos encontramos; consinta as paixões, porque a utopia ao jovem é viável. Afinal, a marca da juventude é a esperança, ainda que a história se mostre com uma mancha ininterrupta de sangue e narrativas. As dores dos olhos é não ver que a história é pintada por suas influências, não pelos fatos!

Mas o Diabo, que conheceu a história, a Revolução Francesa e que é versado na natureza humana, pondera: "durante anos, pensou-se no direito de participar do princípio da igualdade, porém é preciso pensar no direito de participar do princípio da diferença". Refletiu o Diabo... depois que conversou com Terezinha! Na verdade, quem é essa? Bierce não responde! Como é arrepiante a chegada dela, enchendo a história de pessoas que não foram apresentadas ao longo da trama. Talvez um dia, tarde da noite, na estreita lógica ocidental, perceba-se que a questão não seja de linearidade, mas de apego às fraquezas humanas reveladas nas linhas amargas de verbetes.

Rubens e Carlos tomaram uma decisão, de certa maneira metodológica, de mudar os alicerces sociais e econômicos por meio da estrutura educacional. Desse modo, conseguiram, não por méritos ou indicação de alguma autoridade, uma vaga na universidade brasileira. Intuídos de ideias egocêntricas, começaram a integrar as assembleias e as reuniões departamentais, proferindo discursos eloquentes e, muitas vezes, convidativos.

O Diabo, então, descobrira outras similitudes entre os redentores: utilizam a retórica como instrumento e, preferencialmente, o *Argumentum ad Hominem* ante as perspectivas alheias. Não diferenciam, fundamentalmente, seu espaço de fala de um púlpito. A universidade é o lugar preferido desses jovens. Lá os encontram tentando inibir os acontecimentos escatológicos e inevitáveis de nossa garganta, devido à constituição humana que se vincula àquilo que considera golpes do destino. A VERDADE é que não há nada, senão atos de ASTÚCIA de força cósmica, apenas esperança e fantasia que, desconfortavelmente, mostram que são passageiros em um solo chamado Terra, que um dia vêm à vida, que transcorre em meio a outras, e somem. Alguns intelectuais, como Karl Mannheim (1972), insistiam na síntese construtiva e desvinculada das paixões entorpecentes da mesquinharia e da patifaria. Acreditando-se na própria intelligentsia, alguns procuram realizar a profecia e, em decorrência disso, todos os dias na escola, veem e reveem os normais como fênix e os partidários organizarem os sofismas para impor sua política castradora aos sem partidos, aos anormais, incapazes de ouvir "Chico Mulato", de João Pacífico, sem imaginar que se trata de uma composição alienada e a serviço da burguesia. Alimentando-se do SOFRIMENTO e da nossa predileção, até quando esses seres acusarão ou reprimirão os vis, os intoleráveis que não partilham de suas ideias? Até quando eles insistirão, e os outros ficarão em silêncio? Tudo isso pensara Lúcifer.

O Diabo, depois de ouvir outra composição de Pacífico, que cantarola acerca da transitoriedade do ser em um pedaço de terra suspensa no vazio da galáxia, novamente, conta o anjo de Bierce (1999a), que eles obtinham gozo quando sacrificavam ideias, projetos e felicidades alheias. Assistiu aos seus sentimentos perversos autocentrados e frustrações assassinarem os diferentes. Lamentou-se pelos apaixonados marxistas. Anos de exercício axilar. Lamentou-se, também, pela notável capacidade de esquecer os processos históricos, corrigindo somente aqueles que se afastam de suas equivocadas interpretações, que partilham na comunidade dos paranoicos internos de suas assembleias, tentando destruir o inimigo invisível que nasce do relacionamento emocional com seus delírios eremitas, que se chama realidade, pois são incapazes de pensar a utopia como projeto que se edifica no dia a dia de muitas perspectivas. Recordou-se, então, de Lênin e do legado da burguesia: bom gosto e boas maneiras.

Depois de algum tempo, Rubens percebeu que sua instituição se aproximara do partido e, como membro atuante, não poderia deixar de estar na vanguarda dos acontecimentos. Revelou-se, entre Rubens e o partido, um relacionamento amoroso descomunal capaz de libertá-lo, de promover nesse jovem um autoesquecimento em suas críticas às organizações, menos no seu aparelho ideológico. Talvez tenha acreditado que a única forma de conquistar o Estado seja marchando para dentro dele, numa longa caminhada. Foi assombroso perceber, segundo o relato do próprio demônio sobre o amigo, que olhando de perto os partidos, notou muitas simetrias e procedimentos com a igreja, que maior ainda é a força de ocultamento dos seus devotos em demonstrar que a aparência da outras organizações não seja uma realidade da sua cúria, sendo que o vil é exclusivo aos hereges. Quiçá, por isso, neguem a poesia quando afirmam que a realidade e os sonhos se encontram nas mesmas regiões do imaginário humano.

Lembrou-se, então, do anjo que perdeu as asas e esperanças, que um dia as pessoas correrão às ruas perguntando a eles o que fizeram e se realmente acreditavam nas suas aspirações ou se era uma forma de manifestarem a crueldade. De suas covas, os ideólogos pedirão explicações sobre o atraso do digno projeto humano e por que atrapalharam tanto. Homens como Bierce (1999a), sabiamente, invocarão suas palavras, sua experiência e sua dor; Mórus repetirá aspiro, mais que espero; e os socialistas natos, diante da insensibilidade adquirida, pedirão intervenção divina, pois o homem que foram e sonharam foi destruído, não pelo inimigo capitalista, mas pelos epígonos, intérpretes oficiais de suas obras, visto que imaginaram que seus fígados renasceriam a cada dia e não perceberam que Prometeu se reconciliou com Zeus.

Depois de anos assistindo aos jovens, o anjo decaído repensa seu próprio comportamento. Procedeu equivocado, meditando acerca dos últimos anos, e percebe que tem sua *mea culpa* por não edificar a sociedade imaginada em sua juventude. Olhando, depois, vislumbra espantado que felicidade não é o projeto que sonhara, porém aquela que realizamos com outros sonhos. Triste e amargurado, lembra da felicidade, das idiossincrasias dos seus colegas e de uma nota de rodapé que encontrou em Freud, pois foi a única trindade que lhe restou:

> [...] Os meus desejos são: uma humilde cabana com um teto de palha, mas boa cama, boa comida, o leite e a manteiga mais frescos, flores em minha janela e algumas belas árvores em frente de minha porta; e, se Deus quiser tornar completa a minha felicidade, me concederá a alegria de ver seis ou sete de meus inimigos enforcados nessas árvores. Antes da morte deles, eu, tocado em meu coração, lhes perdoarei todo o mal que em vida me fizeram. Deve-se, é verdade, perdoar os inimigos – mas não antes de terem sido enforcados (HEINE *apud* FREUD, 1978, p. 166).

A doce alma não se perturba com o sentido, desde que obedeça às regras de referências e, em simultâneo, sabe que não é a primeira, tampouco será a última, a viver em contradição. Entretanto pede o Diabo: "por favor, não me enforquem, belas criaturas. Deixem-me em meu tempo e com minhas revoluções". Porém, adversamente, pensou, não será seu tempo enfrentar essas...

O diabo beirceano lembrou-se dos seus equívocos pessoais (parece *daímon* socrático), pois pediu a Deus que os homens fossem responsáveis pela criação de suas próprias leis, fato atendido pelo Onipotente. Dessa forma, eles têm o direito de continuar suas lutas e de carregar consigo todos aqueles que acreditem nas virtudes teologais ou partidárias. O Diabo constatou, no entanto, que a história é feita por "governantes velhacos, militares imbecis" e pela omissão da maioria dos homens. Portanto é preciso fugir dos líderes e dos convites retóricos, porque basta, como disse Nite, somente "os instintos vingativos de um padre malogrado para nos desviar da vida".

No decurso do tempo, as ideias sagradas de Rubens e Carlos se perderam na artificialidade do cotidiano, com casamentos, carros e casas próprias, filhos, escolas e outras prestações que lhes aprisionam confortavelmente na escravidão do sonho burguês. Ao final, como tantos outros de sua espécie, escolheram o que era mais aprazível. O real e a fantasia se unem na desculpa da traição juvenil e, ao mesmo tempo, nas manobras teatrais para convencer outros de que eles ainda creem e vivem o drama, o desespero daquela utopia política. As cores demoníacas da ação engajada cederam à sensualidade do pecado do homem: vender-se para quem lhe pagar mais. As ideias deles, no entanto, sopram pelas ruas das cidades, dos campos e nos mares, em busca de profetas que sejam mais convictos do que o puro som agradável de seus próprios lábios. Nesse instante, um demônio enganoso e angustiado percebeu que a "filosofia é uma rota de muitas estradas, levando do nada a lugar algum". E lá vem Terezinha, é só FELICIDADE!

PASSARINHO: A VERDADE COMO CRIAÇÃO

Um jornal de grande circulação na metrópole publica, em um de seus blocos: "PASSARINHO MORRE ELETROCUTADO EM FIO DE ALTA TENSÃO". Na foto, em vez de um close da vítima, aparece apenas o fio, o assassino. Além do buraco, uma nota chama a atenção de outros repórteres investigativos: "Por decisão da família, não será mostrada a imagem do cadáver". Ao leitor comum, talvez passe despercebido o respeito da imprensa aos parentes, razão pela qual as fotografias não foram inseridas na matéria. Mas, para olhos críticos, motivos éticos nunca foram uma boa justificativa para não atrair as pulsões humanas às tragédias do cotidiano. Ademais, o vocábulo "cadáver" não soa bem para um ser morto por uma descarga elétrica. Imagens agridem, mas também são atraentes aos olhos, ao menos daqueles que têm uma visão estética das coisas do mundo. Ao final do bloco, o jornal apresenta um laudo pericial de alguns legistas importantes, formados em reconhecido centro de saber, que concluíram ter sido uma tragédia avicular. Sem sombra de dúvidas, há algo por trás da notícia publicizada sem destaque.

No interior daquele estado, em outro informativo de menor circulação, uma articulista e seu editor decidem cavar um pouco mais o assunto e, após uma série de investigações, estampam na manchete: "PASSARINHO MORRE, SERÁ?". O que era apenas um balão de ensaio, um boato sem razão de ser, a partir daquele dia, torna o termo "Passarinho" a palavra jornalística da mídia. E, ao cavar mais, outras coisas surgem. A análise do jornal do interior revela, de acordo com o editor, que todo mundo sabe que os passarinhos pousam, há quase um século, em fios de alta eletricidade, não sofrendo qualquer dano por conta da energia elétrica. Então, por que o grande periódico publicou, nos dias seguintes, ainda no segundo bloco, a cópia do mesmo laudo, sem mostrar importância ao termo do momento? A teoria conspiratória ganhava corpo e mais furos. No esquadrinhamento dos detalhes, descobriram os repórteres investigativos do pequeno jornal que não havia fotografias no prontuário da vítima e que o legista, tão experiente, esqueceu-se de providenciar na primeira autópsia, alegando que faltou material na segunda e que o filme queimou na terceira. Depois, uma sindicância foi aberta no Instituto Médico Legal para apurar o que aconteceu.

Diversos outros informativos seguiram na linha desse último, o que levou o caso a ganhar notoriedade em todo o país. As publicações se tornaram comentários em bares, salões e universidades. Nesse clima jornalístico, o grande jornal, enfim, imprime, em sua manchete: "LEGISTA GARANTE: FIO DE ALTA TENSÃO MATA PASSARINHO". E, no texto, aponta que o primeiro legista que procedeu ao laudo foi endossado pelo segundo. Em seguida, dando mais atenção ao "curriculum vitae" do especialista do que às circunstâncias misteriosas, o jornal fecha a matéria confirmando que o parecer técnico é indiscutível. Ao tomar conhecimento, o pequeno jornal do interior envia seu único investigador, que, depois, encaminha para o editor o texto, fruto de sua pesquisa. Esse último publica a apuração na íntegra, colocando a chamada de uma parte do escrito: "após uma longa averiguação com cientista especializado em fenômenos elétricos, este jornal comprovou que "O FIO NÃO PODERIA TER MATADO PASSARINHO", uma vez que a estrutura fisiológica da ave implica uma pequenina distância entre suas patas. De acordo com o perito em assuntos elétricos, para que ocorra o fenômeno do choque é imperativo que a corrente entre em um ponto qualquer e, seguindo a velocidade da luz, por volta de 300.000 km/s, saia por outro ponto. Em conformidade com os estudos dos *Passer domesticus*, gênero ao qual o Passarinho pertence, é muito incomum que algum ultrapasse os 20 centímetros, o que, nesse caso, faz com que a distância entre suas patas seja diminuta, não maior que um centímetro. Em virtude disso, não teria como se completar o ciclo de entrada e saída de energia, não ocorrendo a descarga elétrica. Novo furo!

Do mesmo modo que a anterior, a notícia ganhou contornos inesperados, cresceu na linguagem da mídia, atraindo mais e mais a atenção do público, que buscava por todos os meios se informar pelo pequeno noticiário. Na metrópole, saiu em outra manchete: "EVIDÊNCIAS PROVAM QUE O FIO MATOU PASSARINHO". No editorial, segue a informação de que peritos em eletricidade foram convidados para reexaminar o laudo primevo e comprovaram que o fio de alta tensão estava desencapado, o que teria ocasionado o choque elétrico.

No outro dia, no interior, sai publicada reportagem que contesta a evidência apresentada pelo grande jornal. Procurada pela reportagem para prestar novos esclarecimentos à dúvida dos repórteres investigativos, a equipe de legistas sai sem esclarecer a pergunta estampada no jornal: "COMO SE FECHA UM CICLO DE ELETRICIDADE?". Por trás da demanda, sustentada na constituição fisiológica de Passarinho, os consultores entrevistados dão declarações nas quais demonstram que é impossível cientificamente Passarinho ter sido eletrocutado, ainda que o fio estivesse desencapado.

A notoriedade dessa publicação provocou diversas contrariedades em forças obscuras que financiavam diferentes veículos de comunicação. A circulação seguinte do pequeno jornal foi esgotada antes mesmo de ganhar as ruas, obrigando o editor a fornecer acesso ao conteúdo pela internet. Na capital, no outro dia, publica-se a manchete: "NOVAS PROVAS, PASSARINHO NÃO É PARDAL". No texto, arrola-se uma série de fotografias de documentos que atestam que Passarinho não é, comprovadamente, uma ave do gênero dos pardais. Essa notícia gerou um escândalo na opinião do público: como alguém poderia, deliberadamente, enganar pessoas, levantando suspeitas infundadas com o único intuito de causar mal-estar social? No interior, infelizmente, no dia seguinte, não houve edição impressa ou on-line. Da contribuição de Gutenberg aos meios de comunicação até hoje, muita coisa se transformou; mas no interior, com pouco capital de giro, não há mais o velho prelo metálico inglês, há uma coisa mais atual do que a *Zylinderdruckmaschine*, movida por energia elétrica. Por coincidência da natureza, um vírus apagou todos os três HDs do jornalzinho, inclusive um 386 não ligado à internet. O mais interessante aos olhos do editor, que dividia com o público, foi encontrar o gravador com as declarações dos consultores queimado sobre sua mesa. Ao lado do aparelho incendiado, havia papéis de várias cores e tamanhos, um velho mimeógrafo com folhas de carbono encharcadas em álcool, sem registrar as duas garrafas, abertas e cheias de líquido etílico. Diante desse amontoado de coisas, somente a mão divina ou criminosa poderia explicar a impossibilidade do fogo se alastrar a todos os cantos, restava claro que o vírus que atacou os equipamentos do pequeno jornal gozava da imunidade no que diz respeito a ser criminalizado.

O silêncio do interior reforçou a versão da falsa conspiração, mas, como no interior as vontades são mais resolutas do que nas porosidades das metrópoles, o editor conseguiu novos computadores mediante empréstimo e, no final da tarde, publicou sua versão on-line: "ACIDENTE, INCIDENTE OU ASSASSINATO?". Aos especialistas da imprensa, a costura estava exposta ao público, era preciso abrir uma nova frente de investigação para apurar a motivação pecuniária do vírus. Tal notícia era divulgada com uma longa explicação dos últimos acontecimentos que impediram a publicação impressa e on-line do periódico. Além disso, a foto de Passarinho, pais, irmãos, avós e avôs deixava claro o fenótipo da família que documentos atestavam ser de outro gênero. Ademais, por cuidado dos repórteres investigativos, descobriu-se que Passarinho encontrara certas irregularidades na gestão da coisa pública, situação que complicava a posição de outras criaturas.

No decurso da semana, publica-se na metrópole que "PASSARINHO ESTAVA ENVOLVIDO EM IRREGULARIDADES", o que provoca uma discussão se o cadáver deve ser julgado após morto ou considerado um santo, depois de seus pecados. No interior, aponta-se que o padrão de vida de Passarinho era condizente com os ganhos de sua profissão, caracterizando que ele não tinha duplo soldo.

Na metrópole, publicam-se fotos de dossiês que comprovam que consultores contratados por jornais do interior deram sua versão depois de receberem forte incentivo pecuniário. Assim foi a manchete: "A ORIGEM DO DINHEIRO". No interior, responde-se: "CALÚNIA E INFÂMIA NA CAPITAL". Na cidade grande, especialistas em ações e investimentos apresentam relatório da origem estrangeira sobre o capital de giro do pequeno jornal. Na semana seguinte, outros peritos endossam a versão dos primeiros.

No intercurso, a falta de propaganda e o descrédito ganham corpo, prejudicando enormemente a circulação do modesto periódico – agora só on-line. Em seus últimos esforços, o pequeno jornal usa energia para defender sua independência e, ao mesmo tempo, recorrer à justiça. A polícia abre inquérito sobre a origem do dinheiro, denúncias de assinantes fragilizam a respeitabilidade do editor, que é obrigado a gastar mais tempo em sua própria defesa do que na investigação de Passarinho. A polícia encerra o inquérito sem apresentar provas conclusivas da origem ilícita do dinheiro. O jornal deixa de circular, o que leva Brasília a festejar com a derrubada da reportagem. Na metrópole outros assuntos ganham destaque na mídia.

Passa o tempo e, depois de outros tempos, com mais um pouco, o Tribunal de Justiça reconhece a inocência do editor do pequeno jornal. O juiz nega indenização, por parte do grande, porque a função da imprensa é denunciar abusos e casos suspeitos, até mesmo entre seus pares. O termo "Passarinho" voltou para o catálogo do gênero das aves, como a família dele esquecida. O pequeno jornal estava fechado. Lá na capital, onde ninguém mais se lembrava do cadáver que foi dado como eletrocutado pelo fio de alta tensão, comemora-se a ideia de que os fatos podem ser derrubados com boas e articuladas narrativas. Lá, eles continuam aprimorando a arte de esconder fatos e criar mitos.

A objetividade jornalística vai sendo substituída pela verossimilhança, negligenciando aquilo em que se poderia acreditar: a busca da verdade e informação ao público dela. Os novos meios tecnológicos não só vêm substituindo os velhos jornalistas como, sobretudo, o compromisso deles com a ideia nova de que o verdadeiro pode ser confundido com o falso. A distância primeva se aprofunda, o jornalista atual é puxado para baixo, vendem-se aqueles que adoram beber whisky, notadamente daqueles cuja unidade custa R$ 27.000,00 reais. Do mesmo modo, impõem-se certas técnicas, recusa-se o fato cru e, em seu lugar, colocam-se as paixões torpes, justo aquelas que confundem as retinas. Cada vez mais, as páginas dos jornais (eles ainda têm páginas e alma?) são usadas sem a função de informar, compondo espaços que servem para qualquer coisa distante da função antes chamada de "calhau". Paulatinamente, desfoca-se o objeto da contenda para outro lugar. As novas turmas de jornalistas precisam escapar ao efeito Mandrake, voltando-se para a investigação pelo gosto de saborear a verdade. Quando jornalistas começam a retirar coelhos das cartolas, enquanto fazem uso de cápsulas de fumaça do Batman, tornando-se um obstáculo à verdade, eles prejudicam a democracia.

Em entrevista, o velho editor, agora professor de Jornalismo e Comunicação em uma universidade pública, declarou que no ensino procura resgatar os valores que deram cores vivas à liberdade e repudiaram as tiranias. Mas é um trabalho inglório, ao seu sentir; o gosto pela república e a luta pela sua preservação perderam espaço para mensagens superficiais por falta de estudo e consciência crítica, o que promove um descaso com a cata da verdade. Essa concepção pode levar o leitor à indagação: e quanto ao fundamento da verdade que deveria ser dado aos jornais? Objeta-se assim: em época de meias verdades, a própria (*alétheia*, *veritas* e *emunah*) volta-se para o sabor do malte. Afinal de contas, se os interesses se opõem à realidade histórica e política, relegando a manifestação da verdade, de que adiantam os fenômenos? Ademais, se todos estão lucrando com algo e, ao mesmo tempo, o pragmatismo dos preços dos mercados inflige certas considerações aos espíritos frágeis, o que perturba a consciência exige uma que não seja perturbada. Aliás, ao final da sindicância, ela se mostrou também sem consciência.

AROMATIZADA EXISTÊNCIA

Dizem que muitas expressões que estão em nossos dicionários surgiram em pequenos diálogos, imparciais, ou em desvios e composições de nossa amada e estrangeira língua nacional. Outras, com certeza, foram criadas pelos escritores brasileiros que tendem a neologizar nas suas manifestações literárias...

Quando eu era bem pequeno e moleque travesso no interior, Vovô, para me acalmar e também deixar a minha santa mãezinha sossegada, costumava me colocar no seu colo, após o banho vespertino, para contar estórias, lendas e aventuras de homens famosos. Numa dessas vezes, perguntou-me se eu gostaria de ser famoso e rico. Respondi que sim! Mas depois fiquei triste, pois lembrei que seria difícil, já que não gostava de tomar banho e de estudar... Segundo mamãe, todos os homens importantes da história tinham vasta leitura e sempre eram retratados em quadros e fotografias bonitos. Vovô, então, passou sua mão calejada, porém terna, em meus cabelos e me contou uma estória que começava mais ou menos assim: Na pequena cidade de Piracicaba do Monte Verde, esquecida pelos geógrafos lusitanos, nasceram duas crianças que ingressariam nas linhas do Douto Aurélio. Duas criaturas da espécie humana, mas distintas do conjunto de todos os homens. Não que fossem anomalias genéticas ou adquiridas durante o parto, afinal, naquela época, tudo era vontade do Senhor; sua real distinção estava concentrada na recusa peremptória de perceber outrem com o direito de buscar a felicidade. É da natureza humana fazer da busca da felicidade seu fim último, mas os irmãos, desde cedo, bem antes de qualquer idade convencional para tratar do assunto, já estavam concentrados em encontrar os meios para alcançar o fim último da espécie humana. A vida em sociedade exige algumas renúncias, principalmente ao direito de fazer tudo o que se "bem entende", sendo ela o juiz único de sua ação. Assim, graças à sagacidade concedida pela natureza a eles, desfrutaram de irrestrita liberdade, dando curso a tudo aquilo que lhes apetecia. E os irmãos queriam mais do que aquilo que a sorte lhes havia destinado. Ocorre que Leonildo e Chuvenildo Feérico não estavam preparados para a fama em vida, pelo menos, aos olhos da sociedade que castra iniciativas não convencionais. Eles acreditavam que a satisfação plena era atingida com ações e o bom uso da astúcia.

O registro de nascimento dessas crianças, a quem possa interessar, perdeu-se, assim como a cidade e as pessoas que por ali habitavam.

Dona Tonina, parteira e adivinhóloga da região, falou textualmente, no dia do parto, que as crianças trariam um "cheiro" novo à cidade.

— A partir de hoje, o mundo e essa cidade terão um novo odor!

Não demoraria muito, e aquelas palavras se concretizariam. Daquele dia em diante, o município, por seus anais aromáticos, seria esquecido pela história oficial.

Seu Alfredo, advogado e farmacêutico, afirmou cinicamente aos presentes:

— Esses dois aí são gêmeos siameses!

— Por raios, trovões e Nossa Senhora da Luz! Que peste de diabo é essa desgraça de gêmeo flameses, seu Alfredo?! É argunha doença, é? – indagou curiosamente o progenitor das notáveis criaturas, seu Zé Orlando.

— Tenha calma, seu Zé! Só estou dizendo que os irmãos são parecidos demais – advogou o velho Alfredo sem perder a postura.

— E pru mode de quê não deveria ser? Não são irmãos, não dividiram o mesmo bucho da mãe?! Mas, eu lhe perguntei sobre esse tal fiamese!

O preocupado pai não compreendia as explicações e já começava a se irritar com o boticário, quando Ambrósio, vereador da cidade, sentindo a perda de um voto, meteu-se na conversa:

— Deixa comigo, seu Alfredo, que eu, homem formado em diplomacia política, explico ao cabra em bom burro português.

Seu Zé, primeiramente é siameses e não fiamese; depois, não é doença alguma! O velho farmacêutico quis dizer, somente, que um tem um fiofó igual ao outro, que eles têm a mesma cara, que nem japonês!

— Tanta confusão pra me dizer uma porqueira dessa! – falou alto seu Zé Orlando, cochichando, depois, a Ambrósio: — É por isso que esse peste avive de farmácia!

Mas o destino separou o que a biologia uniu. Chu Feérico (porque se parecia com japoneses) tinha, como sua melhor qualidade cristã, o hábito de desvirginar as mocinhas decentes da cidade. Tomei ciência disso depois – por conta da idade, não estava desperto para a acepção de certas palavras, embora guardasse tudo o que meu avô dizia pela simples fé que tinha nos seus lábios. Acredite ou não, na arte da paquera, ninguém superava Chu. Namorava com três ao mesmo tempo e, quando a donzela não cedia aos seus encantos, oferecia casamento, dinheiro e tudo o mais que pudesse utilizar para a conquista. Conseguindo a virgindade da moça, ou melhor, o rompimento, descumpria suas promessas. Era popularmente conhecido, por entre os amigos e malandros da região, como "Chu Perereca". Não existia uma mulher nas redondezas que ele não tentasse seduzir.

Seu irmão, Lé Vala, era muito diferente em gostos. Gostava de ler Sartre, Che Guevara e crônicas policiais da Lapa carioca. Seu único e melhor amigo era o Lauro (que tinha uma dificuldade em pronunciar o erre), o companheiro de Vala, capaz de ouvir suas histórias e interpretações filosóficas e chamá-lo pelo cognome de "Lé Vala" – uma referência ao cidadão argentino e guerrilheiro cubano. Era uma amizade estranha, e até ilógica, porque baseada na sonoridade agradável que Leonildo sentia quando Lauro lhe chamava pela alcunha: "Lé Vala". Todavia, anos mais tarde, recordei que vovô falava que as cadeias associativas que formam os laços amicais sobressaem-se a qualquer construção freudiana. Qual é o lugar de Freud aqui? Parece que a mesma rede amical se estende para além dos marcadores temporais. Mas uma coisa era certa naquela amizade, e foi vovô quem disse, os pais de Lauro achavam Lé uma má influência e trataram de afastar o neófito filósofo da sua cria.

Entretanto Vala estava preso às limitações geográficas e não pôde oferecer uma contribuição aos movimentos sociais. A leitura não purificou sua alma biológica, assim como o ostracismo fraternal facilitou sua entrada no determinismo genético. Tal como seu irmão, começou demonstrar ao mundo o significado de sua existência.

Descobriu que, na sua cidade, alguns jovens consumiam bebidas alcoólicas e outras drogas, principalmente nos dias festivos. Procurou, certa feita, o Pe. Lucas e lhe disse que ajudaria os jovens, em especial, os dependentes do pecado.

Nos dias de festas, sentava-se em um banquinho da praça e nele oferecia psicotrópicos aos "costumeiros" consumidores da química infernal. Quando apareciam os compradores, ele dizia:

— Dinheiro primeiro e quantidade desejada depois.

— Queremos dois frascos.

Acertados o preço e a porção desejada, adentrava-se na casa paroquial. Demorava 15 minutos e nada! 30 minutos e nada! Cansada de esperar, a turma, sem jeito, aproximava-se do Pe. James e perguntava-lhe, inocentemente, se teria visto Lé dentro da Igreja.

— Sim! Mas faz algum tempo. A essas horas o Lé deve estar no Japão, pois o muro da casa paroquial dá diretinho naquele país, e o Lé é muito pontual! Já embarcou há meia hora, foi por muro aéreo e de primeira classe!

Enganando o padre e os clientes, Lé encontrava divertimento e dinheiro para suas cervejinhas.

Enquanto isso, Chu encontrara uma nova virgem, Juliana. A coitadinha era feia que dava dó. Acaso fosse feito um concurso de feiura, a menina deveria ser mandada, por ordem judicial, a outra Comarca para não prejudicar a livre concorrência. Feiura igual não se encontrava com facilidade, só em filme de terror, com bastante maquiagem e muita inspiração. Certo dia, Chu encontrou-se com sua nova vítima e falou:

— Juliana, você é o motivo de noites atormentadas: sua imagem invade meus sonhos, misturando desejo e graça angelical. Noto, em silêncio, que você é a criatura que brinca com meus sentimentos, fazendo-me criança, desejando voltar à segurança materna e querendo minha iniciação no amor. Juliana, você é a encarnação dos meus sonhos. Você é certamente uma bela mulher, pois sempre penso nisso na minha timidez reservada! Gostaria de levá-la à matriz todas as noites esperando o momento em que eu possa me perder entre seus lábios. Hoje seria um dia maravilhoso para caminharmos pela praça, de mãos dadas e acompanhados pelo Cupido, mas, infelizmente, só posso depois da meia-noite (hora em que Zé Carlos fecha a venda do boteco onde ele bebe e está devendo e na qual as moças protegidas se recolhem), visto que tenho alguns compromissos. — Poderia ser essa noite? – pergunta o suposto enamorado.

— Num sei, talvez não possa! — falou Juliana, fingindo indiferença.

— Então, adeus – exclamou sarcasticamente e virou-se.

— Tá bem, combinado, lá na Matriz à meia-noite! Mas eu espero que a gente visite outros locais. Dessa vez você escolhe, porém, no futuro, a gente deixa que as luzes brilhem mais, como no clube da praça.

— A escolha do local se deu por motivo contrário a esse que falaste. Se escolhi lá, foi justamente para valorizar sua beleza sob os encantos das órbitas dos planetas, posto que ali, somente ali, tu estarias no lugar ideal para ser admirada pelo efeito que a luz da lua promove. Não fiques chateada comigo, sou romântico e acredito que a verdadeira beleza não pode ser contaminada pela iluminação artificial e máscaras humanas. Ali, não há cadáveres, mas pessoas que descobriram o sentido da existência; estando no templo da verdade, não precisam vestir as palavras com adorno, apenas com o nome apropriado que cada coisa tem. E não vejo outro lugar melhor para conhecer a definição do amor do que ao lado daqueles que o viveram ou, então, daqueles que agora sabem seu significado.

— Como pude ser tão egoísta? De fato, esse mundo de imagens tem nos deixado doentes para o que é realmente importante ao coração. Compreendi bem seu sentimento e creio que tu tens o domínio pessoal das coisas que são agradáveis aos sentimentos humanos.

— Na verdade, só o efeito do que é belo me toca e, assim, o sentimento que tenho por ti me fez entender que eu era uma consciência errante. Depois de conhecê-la, descobri que o único esforço humano que aprofunda o sentido de contemplação do mundo é o amor – disse o farsante. Logo depois, pensou: "hoje é sexta-feira 13, e essa diabinha vai ser devorada".

Crescendo o homem, crescem também seus desejos! Assim falava meu avô. Lê, cansado de aplicar pequenos golpes em sua cidade, resolveu praticar suas habilidades retóricas em outras searas, principalmente longe de sua terra natal, que estava cansada de suas invenções. Arquitetou um plano e foi à capital. Janotamente vestido, apresentou-se como um rico fazendeiro de gado do Extremo Sul do Estado em uma fina loja de ternos:

— Senhorita, por favor, gostaria de comprar um belo terno e alguns acessórios. Adianto-lhe que quero o melhor e preço não é problema para mim. Seguramente, a senhorita ouviu falar do Coronel Jorge Estrela e digo-lhe, também, que tenho um encontro especial com o Secretário de Agricultura do Estado e quero me vestir à altura aqui na capital. Sou um homem da terra, sem essas preocupações de modas, mas o momento pede – falou Lê.

A simplória vendedora ficou encantada diante de um homem tão fino e eloquente que portava, ainda, um belo talão de cheques.

Sempre com ar autoritário, mas sem ser arrogante, foi-lhe fácil conseguir simpatia e respeito dos presentes. Depois das compras realizadas, solicita a conta.

— Por roupas e adornos que acreditam serem algo aprimorado e escolhido pela senhorita, pagarei somente essa quantia? – falou o embusteiro.

— De fato, nossos produtos são de ótima qualidade, caem bem nas pessoas, embora, sem que possa parecer um atrevimento, julgo que eles foram feitos para pessoas especiais, motivo pelo qual a qualidade do tecido e o porte atlético do senhor formam uma visão agradabilíssima para quem aprecia esta união de matéria e corpo. Agora que o senhor está satisfeito e, mais uma vez, muito elegante, pergunto: como prefere pagar: em cheque ou espécie? – disse a vendedora.

— Minha querida senhora! Infelizmente o mundo está mudado, e, hoje em dia, ninguém pode andar por aí com dinheiro vivo, se é que me entende.

— É claro, senhor! É perfeitamente compreensível essa atitude – respondeu a vendedora.

— Como dizia, o mundo está mudado, e é perigoso andar com dinheiro vivo, por isso ando sempre com meu talão. Já fui pessoalmente tocaiado duas vezes e não quero correr o risco novamente. Sou um membro descendente da aristocracia lusitana, tenho muitas posses e muitos inimigos — falava o vilão, acrescentando: — Quero ainda ofertar-lhe uma simples gratificação e rogo que a senhorita não se ofenda com meu gesto. Acrescentarei à conta mais 100 réis.

— Fico eternamente grata pela sua generosidade, Coronel Jorge Estrela! – respondeu a vendedora.

— Minha jovem senhorita, demorei mais que o permitido nessa sua loja e já é noite. Diga-me, por favor, onde eu posso encontrar um banco aberto nas redondezas.

— Isso não é problema, seria uma honra, Coronel, poder ajudá-lo. Afinal, nossa loja goza do prestígio de atender às melhores famílias da capital... e, é claro, do interior! –disse a mocinha.

— Seu gerente trocaria um insignificante cheque de 1000 réis para minha modesta pessoa? Mas eu não gostaria de causar nenhum problema e sei que o comércio é um negócio arriscado.

Tal foi a postura do birbante que a ingênua e futura desempregada avalizou seu crédito.

Seguindo constantemente sua postura de existencialista irresponsável, Lê foi descoberto, e teve que ganhar o mundo rapidamente. O Dr. Chu perereca, a essa altura, tinha sido obrigado a honrar o desvirginamento de Juliana no altar. Com ela teve nove filhos, os quais à sorte entregou na primeira oportunidade de fuga. Durante muito tempo, comentou-se sobre as estórias dos irmãos Feérico e suas condutas irregulares.

— Aqueles safados! Fizeram, aconteceram e depois ganharam o mundo!! – comentário de um morador não identificado.

— Eu não disse que o Chu e o Lé (chulé) mudariam os "ares" desta cidade? Pena que seja tão fedegoso! – comentou dona Tonina ao dono da farmácia, que ainda vive exclusivamente de drogas.

— O jantar tá na mesa! – gritou mamãe de repente. Porém vovô me falou baixinho: — Não precisa ler livros importantes para entrar pra História; é só cheirar mal, e muito mal!

POSFÁCIO I

A filosofia, como modo de pensar dos gregos em contraste com as cosmogonias míticas, surgiu na Jônia. Ela surgiu como uma reflexão da realidade material por meio de uma expressão de natureza poética. Tales, Anaximandro, Anaxímenes e outros, em sua perspectiva materialista, não desprezaram a poesia; essa forma humana específica e elaborada de dizer, forma essa, a um só tempo, bela e memorável, no sentido estrito do termo.

A poesia não foi o único veículo formal de comunicação do pensamento filosófico. Os filósofos gregos também se tornaram, com o tempo, impiedosos ao zombar as posições de seus oponentes intelectuais e políticos e atuaram muitas vezes de forma performativa, na esperança de fazer seu público rir e, assim, rejeitar o seu oponente em um debate. Sócrates, por exemplo, tornou-se proponente de uma forma de interação filosófica que é, ao mesmo tempo, cômica e passível de ser alvo de derrisão. Em seguimento às intervenções socráticas, o humor com que Platão aborda o erotismo representa os rapsodos, ou mesmo outros filósofos, e sedimenta a sátira como um instrumento potencializador da reflexão filosófica. Em resposta a Sócrates, as ácidas críticas de Aristófanes em *Nuvens* informam muito a respeito dos *agônes* filosóficos. A filosofia nasceu e se desenvolveu utilizando como instrumento a força da oralidade, a *performance* poética e o reforço afetivo inerente à comicidade que muitas vezes lhe serviu de invólucro retórico, aproveitando-se do aspecto distintivo que opõe os seres humanos e os animais: apenas os seres humanos riem (Aristóteles, *Partes dos animais* 3.10.673a1-b3).

Foram os primeiros pensadores cristãos os responsáveis pelas avaliações negativas ao riso nas fontes gregas e bíblicas. Basílio, o Grande, teceu críticas ao riso estridente e à agitação incontrolável do corpo que o acompanha, os quais eram indicações de que a alma não estaria bem regulada, ou estaria desprovida de autodomínio, comprometendo, assim, a dignidade pessoal[4]. Para João Crisóstomo, o riso dá origem a ações e discursos sujos[5]. A regra monástica mais antiga, a de Pacômio, no século IV, proibia as brincadeiras. A Regra de São Bento ordenou aos monges que eles tivessem moderação na fala a ponto de não falarem nada que provocasse risadas. Assim, a filosofia, sob o influxo da religião, perdeu grande parte de sua força poética e de seu poder de provocar derrisão.

O livro do filósofo Dr. Nilo Reis demonstra que, ao contrário da tradição filosófica cristã contrária ao riso, esse é o remédio filosófico necessário para remediar o que Thomas Hobbes chamou de inclinação geral de toda a humanidade: o desejo perpétuo e inquieto de poder, de fazer guerra contra todos[6]. Ele destaca com grande força persuasiva, no decorrer dos capítulos deste livro, o ridículo da competição imódica de uns contra os outros em nome de uma glória repentina, desprovida de um mínimo de habilidade em si mesma, exceto a de observar as imperfeições dos outros para se imiscuir das próprias. Como desbaratar tal sentimento de superioridade, senão pelo livre trânsito da ironia, da metáfora, do cômico que, especularmente, manifesta o erro da fantasia de superioridade e da incongruidade, desnudando-os, como o fariam com habilidade um Henri Bergson[7] ou de um Arthur Schopenhauer[8].

Ao abdicar da preocupação demasiada com a análise conceitual em favor da explicação causal por meio da explicitação de incoerências, o autor reúne Sófocles, Ovídio, Platão, Aristóteles, Agostinho, Tomás de Aquino, Maquiavel, Hume, Sartre e muitos outros, com os quais aproxima os seus próprios amigos, no afã de explicar como chegamos ao ponto de "separar Ortega de Gasset". Logo, abrindo os livros das estantes, que trazem consigo um Tirésias em cada página, este livro demonstra que é possível desvendar o *Chiboleti*

---

[4] BASÍLIO, O GRANDE. *The Long Rules*. The Fathers of the Church Series. V. 9. Trad. M. Wagner. Washington: Catholic University of America, 1950. p. 271.

[5] JOÃO CRISÓSTOMO. *On the Priesthood:* Ascetic Treatises; Select Homilies and Letters. Homilies on the Statues. V. 9. Edição de Philip Schaff. New York: Christian Literature Co., 1889., p. 442.

[6] HOBBES, Thomas. *Leviathan*. Edição de W. Molesworth. Londres: Bohn, 1839. v. 3, capítulo 11; *Philosophical Rudiments Concerning Government and Society*. Londres: R. Royston, 1651. capítulo 1, seção 12.

[7] BERGSON, H. *Le rire*: Essai sur la signification du comique. Paris: PUF, 2008.

[8] SCHOPENHAUER, Arthur. *The World as Will and Idea*. Vol. 2. Londres: Routledge, 2011.

que diferencia as palavras vazias que falham de seus intentos inconfessáveis. O Dr. Nilo Reis desmascara neste livro o ódio e a vaidade que permeiam as Academias, erigindo no percurso que forja um altar para Têmis e outro para Palas Athena, ao mesmo tempo em que afasta, com o riso e a sua refinada ironia filosófica, a Éris, a querela. Fazendo assim, o autor contribui para que o pequeno número de iluminados que se sentem pais de todas as causas humanitárias, e em nome disso assumem a hegemonia intelectual, política e econômica, possam encontrar um caminho para deixar de ser desmembradores de corpos e consciências, classificando-os ao seu bel prazer entre os puros e os impuros.

O empreendimento de Nilo Reis neste livro demonstra que ele leva a cabo a tarefa de salvaguardar a filosofia da censura proveniente dos arroubos de superioridade dos que não a detém minimamente, mas falam em nome dela. Ao avançar por meio de contos, narrativas, sátiras e ensaios, na direção de uma leitura da vida como um processo de devir contínuo, este livro rompe os acordos com a descrição da "realidade" como uma sucessão de estados intelectuais, emocionais e afetivos discretos. Nesse devir, o autor evoca, no fluxo irreversível de sua própria experiência e existência, as vozes que permitem, junto à sua própria voz, uma leitura desveladora da vida, que estabelece uma inelasticidade mecânica em nome do bem e do bom.

A crítica assistemática adotada nesta obra desmascara os sentimentos de superioridade que determinam a infelicidade nas relações advinda de sua inautenticidade. Ela recorre ao coro de *Antígona* para afirmar que a "sabedoria é essencial para a felicidade". Da sabedoria privilegiada na obra, desdobram-se a *alétheia/veritas/emunah*, desafiadas nos desvios dos fenômenos e na construção de uma realidade histórica e política a serviço do lucro, do pragmatismo e da falta de consciência. Para desarticular tal desvio, o Dr. Nilo Reis se propõe até a subverter o eixo temporal, tornando Marx e Engels, Hegel partícipes das opiniões sobre Sartre, e torna Platão um observador às avessas do conselho de Paulo. Isso só é possível porque há sincronia entre a escrita do autor e a urgência – e não entre o sentido último de sua existência e alguma diacronia vislumbrada pelas lentes da metafísica.

Assim, com prazer na ponta da pena, o autor livro passa a riscar e destacar nos seus alfarrábios disponíveis para a nossa leitura, as inconsistências de uma filosofia caída. Fazendo assim, Dr. Nilo Reis se une aos avessos de um Santo Agostinho, Boécio e São Tomás de Aquino, pois propõe a morte do gênio falsamente moral e elevado, sacrificado no consultório de Freud em honra ao prazer. As barreiras entre eles, o prazer e a ética, suspensas, reautorizam o riso e o escárnio, reconvertendo-os em filosofia: originária e original.

Brian Gordon Lutalo Kibuuka

POSFÁCIO II

Filô / So far/ Away

(Carlos Fields)[9]

Perspectivas quase filosóficas é o título do livro do professor Nilo Henrique Neves dos Reis que o leitor tem em mãos. Nele, o autor ousa transpor as paredes do comentário de texto. Propõe, com efeito, pela via da literatura, o uso da imaginação para o ofício do filosofar. E não o faz em vão, bem como não o faz sem sair do universo filosófico. Seria isso possível, isto é, fazer filosofia sem o uso do formato filosófico típico? Ficaria o autor na "quase filosofia", como indica o provocativo título? A linha que separa filosofia e literatura não é clara e distinta, para usar o famoso fiel da balança epistemológico de Descartes. Talvez seja um borrão caleidoscópico: muda de tamanho e de natureza, a depender do giro que se faz. Nesse rico e polêmico campo, insere-se a obra do professor Nilo Reis. Antes de dar uma palavra sobre os escritos do professor, desdobro o tema da relação entre filosofia oficial e filosofia que brota em árvores outras.

Perspectivismo ameríndio. Sobre esse conceito se debruça o antropólogo Eduardo Viveiros de Castro, em um de seus ensaios seminais[10]. Ao menos segundo alguns estudiosos da obra, Viveiros de Castro seria um dos nossos mais originais filósofos[11]. Antropologia ou filosofia? Antropofilosofia? Ou apenas boa e original filosofia?

---

[9] FIELDS, Carlos. *Mamute amuado e outros poemas*. Pouso Alegre: Ed. Tímpano, 1996. p. 27.
[10] CASTRO, Eduardo Viveiros de. Perspectivismo e multinaturalismo na América indígena. In: CASTRO, Eduardo Viveiros. *A inconstância da alma selvagem e outros ensaios de antropologia*. São Paulo: Cosac Naify, 2013. p. 347-399.
[11] Ver a Mesa I do evento ocorrido no SESC Ipiranga, entre os dias 27 e 28 de outubro de 2015: "Variações do Corpo Selvagem – Em torno do pensamento de Eduardo Viveiros de Castro". "Mesa 1: Aproximações ao perspectivismo - O que traz de novo o perspectivismo ameríndio, tal como teorizado por Viveiros de Castro, para a Antropologia, seu campo de origem, mas também para as demais ciências humanas? Viveiros de Castro, também filósofo? Viveiros de Castro, pensador político?". Evento disponível em: https://youtu.be/mwJ9nh4cbdg?list=PLtukD4KW-eVJDcQzqnlvQ5Q1A6Xiloxnl. Acesso em: 26 fev. 2021.

Fim da divisão sujeito-objeto? Proposta de múltiplas naturezas, a ampliar e dar potência à compreensão demasiado estreita das perspectivas filosóficas ocidentais? Questões que Viveiros de Castro nos traz nesse e em outros ensaios.

Nos mesmos trilhos de filosofias surgidas fora do habitat natural, Augusto de Campos se refere a Oswald de Andrade e à antropofagia. Diz: "A antropofagia, que – como disse Oswald – 'salvou o sentido do modernismo', é também a única filosofia original brasileira e, sob alguns aspectos, o mais radical dos movimentos literários que produzimos"[12]. De fato, a corroborar a tese do poeta Augusto de Campos, Oswald de Andrade, em momento ensaístico de sua obra, propõe originalidades filosóficas inusitadas em *A Crise da Filosofia Messiânica*[13]. A filosofia oswaldiana frequenta também sua obra estritamente literária. Não há linha precisa, como disse anteriormente, que estabeleça divisão entre filosofia e literatura. Há borrões a unir e separar, simultaneamente, esses momentos dialéticos de influência recíproca.

Segundo essa tese, o que teríamos de melhor, de mais original, no campo da filosofia, não seria o que o *mainstream* filosófico-acadêmico nomeia como tal. Longe do bom comentário de texto, passo inicial que nunca abandonamos, máscara que nos colou à face, feito à exaustação e celebrado tanto quanto vituperado, nossas melhores manifestações filosóficas estariam concentradas em figuras bem distantes do universo filosófico oficial dos departamentos de filosofia.

O que lança o leitor na vertigem da possível pergunta: ora, se o melhor da filosofia acadêmica oficial não é a melhor filosofia, de acordo com vozes de alta potência intelectual, como a do poeta Augusto de Campos, que diabo estão a dizer essas vozes dissonantes que as faz superiores ao filosofar dos departamentos de filosofia? A melhor filosofia brasileira seria, portanto, a produzida fora das instituições oficiais?

A resposta não é preto no branco. É sim e não simultaneamente. Começo pelo *não*, isto é, a melhor filosofia estaria nas instituições oficiais, seria a dos departamentos de filosofia. Com efeito, há

---

[12] CAMPOS, Augusto de. *Poesia Antipoesia Antropofagia & Cia*. São Paulo: Companhia das Letras, 2015. p. 153-154.

[13] ANDRADE, Oswald. *A Crise da Filosofia Messiânica*. In: ANDRADE, Oswald de. *A utopia antropofágica* (Obras completas). São Paulo: Ed. Globo, 2011. p. 138-215.

comentários de texto brilhantes e comentadores de texto filosófico que ousaram até mesmo elaborar filosofia própria, como é o caso de Oswaldo Porchat Pereira e seu ceticismo à brasileira, exposto em variado conjunto de ensaios[14]. Ou, para citar um autor tão lateralizado quanto fundamental, a saber, Álvaro Vieira Pinto, que, além de ter elaborado lições de história da filosofia e ter defendido tese na Sorbonne sobre Platão, elaborou filosofia original, como atesta o seu póstumo, caudaloso e hiperpotente em novas teses *O Conceito de Tecnologia*[15]. Sobre a resposta *sim*, isto é, a melhor filosofia estaria fora do mundo oficial dos departamentos de filosofia: o mais original, segundo dissonantes vozes, o mais filosófico entre as coisas filosóficas do Brasil estaria na *antropologia* de Viveiros de Castro, ou mesmo na antropofagia do modernismo, que teve como uma de suas principais vozes o literato Oswald de Andrade. Há quem diga, igualmente, que Clarice Lispector seria originalíssima não apenas em literatura, mas também na voltagem filosófica de sua obra[16]. Os exemplos poderiam se estender, mas cito, como último o escritor, João Guimarães Rosa. Ninguém em sã consciência filosófica pode dizer que *Grande Sertão: Veredas* tem natureza apenas literária. A obra é, simultaneamente, uma coisa e outra, literatura e filosofia. Se Platão escreveu diálogos, gênero em que o conceito e a imagem vão de mãos dadas, nada obsta que se faça o amálgama com outros gêneros ou áreas, como é o caso de Rosa, de Clarice, ou mesmo de Viveiros de Castro, originalmente de área a princípio estranha à filosofia stricto sensu.

É no interior desse rico debate que se inscreve o livro do professor Nilo Reis. Sua perspectiva não é a ameríndia, como a de Viveiros de Castro nem a de Nietzsche (e de seu perspectivismo), em viés mais estritamente filosófico, muito menos a de Guimarães Rosa. Como as notas introdutórias indicam, o autor nos quer fazer

---

[14] Por exemplo, em: PORCHAT PEREIRA, Oswaldo. *Vida comum e ceticismo*. São Paulo: Ed. Brasiliense, 1994.

[15] VIEIRA PINTO, Álvaro. *O Conceito de Tecnologia (Vols. I e II)*. Rio de Janeiro: Ed. Contraponto, 2005.

[16] Afirmam, em ocasiões diversas, essa tese tanto Paulo Margutti Pinto quanto José Miguel Wisnik. Paulo Margutti, por exemplo, orientou trabalho sobre alguns aspectos filosóficos da obra de Clarice Lispector. Conferir a dissertação de: ALMEIDA, Marília Murta de. *Um Deus no tempo ou um tempo cheio de Deus*: um estudo sobre o temporal e o eterno em Clarice Lispector. Departamento de Filosofia da UFMG, Belo Horizonte, 2009. Disponível em: https://repositorio.ufmg.br/handle/1843/ARBZ-7THGCY. Acesso em: 26 fev. 2021.

ver filosoficamente, ou nos colocar em estado de quase filosofar, com o uso da imaginação, própria à literatura. Mais uma vez, portanto, a questão das bordas que separariam as áreas se estiola. O leitor pode, assim, pensar sobre temas sem se fixar apenas na aridez do conceito. Nilo Reis é quem nos diz sobre a natureza de seu trabalho: "Vou descrever estes escritos como 'quase ensaios'". Tudo recheado com a "influência literária do realismo mágico". E, mais à frente, na "Nota introdutória do autor", coloca grande ênfase no "quase", sugerindo que o leitor interprete o termo como "por um triz".

Por fim, resume seu método, mas o leitor só o descobre por completo na leitura dos ensaios literários (ou literatura ensaística e de tese?). Escreve Nilo Reis, como arremate, sobre a natureza do seu trabalho: "E advirto: não são meras coincidências entre o real e a fantasia, mas um modo particular de contar experiências com o uso do teatro de palavras, representando e fazendo uso da ficção para denunciar a vida real em forma de entretenimento, em forma de *Perspectivas quase filosóficas*".

Ora, não é isso precisamente boa filosofia com invólucro literário?

Se o leitor já passou pelos escritos, que tenha este posfácio como lanterna na popa, a lançar certa luz opaca sobre o já visto. Se veio ao posfácio primeiro, que se divirta e ganhe régua e compasso, bússola e mapa, com os elucidativos, engraçados e sobretudo pedagógicos ensaios literário-filosóficos do professor Nilo Reis. Afinal, o autor faz, a seu modo, vindo da filosofia, o que Kafka fez vindo da literatura, a saber, boa filosofia travestida de literatura. Com efeito, como escreveu Günther Anders sobre a filosofia expressa em forma literária na obra de Kafka: "Não foi por acaso que ele [Kafka] - que sem dúvida alguma não era em primeira instância um romancista no sentido usual - escolheu, para a representação da realidade e de seus pensamentos filosóficos, a forma da ficção"[17].

Por essa perspectiva, o "por um triz" indicado pelo "quase" do título apenas nos aponta a falta do formato filosófico padrão nos escritos – e aqui contrário, em certo grau, o próprio autor que ora prefacio, certo de que ele não se importará e apenas soltará um

---

[17] ANDERS, Günther. Kafka: pró e contra. Tradução, posfácio e notas de Modesto Carone. São Paulo: Ed. Cosac Naify, 2007. p. 70.

"sorriso de Maquiavel" de canto de boca, pois, nessas *"perspectivas quase filosóficas"*, certamente há filosofia – e da melhor qualidade.

    Sendo este posfácio ponto de partida ou de chegada ao leitor – pouco importa –, o que devo destacar, por fim, é a possibilidade de pensarmos com agudeza a partir dos escritos do professor Nilo Reis. Certamente o mergulho nessa experiência inusual trará novas perspectivas – para abusar mais uma vez do trocadilho com o título – ao leitor sobre situações cotidianas tão bem exploradas filosoficamente pelo autor. De quebra, esta filosofia de viés vem embrulhada em papel-literatura, desses que derretem a aridez do conceito e adoçam a vida.

Luiz Carlos Montans Braga

REFERÊNCIAS

AGOSTINHO. *Cidade de Deus*. Rio de Janeiro; São Paulo: Vozes, 1991.

ALTHUSSER, Louis [1967]. A querela do humanismo. *Crítica Marxista*, São Paulo, Xamã, v.1, n.9, 1999.

ANDERS, Günther. *Kafka*: pró e contra. Tradução, posfácio e notas de Modesto Carone. São Paulo: Cosac Naify, 2007.

ANDRADE, Oswald. A Crise da Filosofia Messiânica. *In*: ANDRADE, Oswald de. *A utopia antropofágica (Obras completas)*. São Paulo: Ed. Globo, 2011. p. 138-215.

ARISTÓTELES. *Política*. Brasília: UnB, 1985.

BASÍLIO, O GRANDE. *The Long Rules*. The Fathers of the Church Series. V. 9. Tradução de M. Wagner. Washington: Catholic University of America, 1950.

BEAUVOIR, Simone. *O segundo sexo*. São Paulo: Difel, 1960.

BERGSON, H. *Le rire:* Essai sur la signification du comique. Paris: PUF, 2008.

BÍBLIA Sagrada (King James Atualizada). São Paulo: Abba Press, 2012.

BIERCE, Ambrose.*O Dicionário do Diabo*. Porto Alegre: Mercado Aberto, 1999a.

BIERCE, Ambrose. *Visões da noite*. Rio de Janeiro: Record, 1999b.

BOBBIO, Norberto. *Teoria geral da política*: a filosofia política e as lições dos clássicos. Rio de Janeiro: Campus/Elsevier, 2000.

BOÉCIO. *A consolação da filosofia*. São Paulo: Martins Fontes, 1998.

BORGES, Jorge Luiz. *Obras completas*. v. I. São Paulo: Globo, 1999.

BRASIL. *Decreto-lei 4.657, de 4 de setembro de 1942*. Lei de Introdução às normas do Direito Brasileiro. Disponível em: https://legislacao.presidencia.

gov.br/atos/?tipo=DEL&numero=4657&ano=1942&ato=00d0zZ61kM-ZRlT439. Acesso em: 10 dez. 2020.

BUBER, Martin. *Eu e tu*. São Paulo: Centauro, 2001.

BURGESS, Anthony. *Laranja mecânica*. São Paulo: Aleph, 2004.

CAMPBELL, Joseph. *O herói de mil faces*. São Paulo: Cultrix; Pensamento, 2005.

CAMPOS, Augusto de. *Poesia Antipoesia Antropofagia & Cia*. São Paulo: Companhia das Letras, 2015.

CASTRO, Eduardo Viveiros de. Perspectivismo e multinaturalismo na América indígena. *In:* CASTRO, Eduardo Viveiros. *A inconstância da alma selvagem e outros ensaios de antropologia*. São Paulo: Cosac Naify, 2013. p. 347-399.

CÍCERO. *Tratado da República*. Lisboa: Temas e Debates, 2008.

CONDILLAC, Etienne Bonnot de. *Essay on the origin of human knowledge*. Cambridge: Cambridge University Press, 2001.

DESCARTES, René. *Discurso do método*; *As paixões da alma*; *Meditaçõe*s: objeções e respostas. São Paulo: Nova Cultural, 1991.

FIELDS, Carlos. *Mamute amuado e outros poemas*. Pouso Alegre: Tímpano, 1996.

FREUD, Sigmund. *O mal-estar na civilização*. São Paulo: Abril Cultural, 1978.

FREUD, Sigmund. *A interpretação dos sonhos*. Rio de Janeiro: Imago, 1996.

FREUD, Sigmund. *Cinco lições de psicanálise*; *Mal-estar na civilização*. São Paulo: Abril Cultural, 1978.

FROMM, Erich. *Ter ou ser?* Rio de Janeiro: Zahar, 1977.

FUENTES, Carlos. *Gringo viejo*. Buenos Aires: Aguilar, Altea, Taurus, Alfaguara, 2008.

GRINGO viejo. Direção Luis Puenzo. The USA: Columbia Pictures, 1987. 1 DVD (119 min.).

HEGEL, G.W.F. *Filosofia da história*. Brasília: UnB, 1995.

HEGEL, G.W.F. *Propedêutica Filosófica*. Lisboa: Edições 70, 2018.

HOBBES, Thomas. *Leviatã*. São Paulo: Abril Cultural, 1974.

HOBBES, Thomas. *Leviathan*. Edição de W. Molesworth. v. 3. Londres: Bohn, 1839.

HOLANDA, Sérgio Buarque. *Raízes do Brasil*. São Paulo: Companhia das letras, 1995.

HOMERO. *Odisséia*. São Paulo: Ars Poetica; USP, 1992.

HUME, David. *Ensaios morais, políticos & literários*. Rio de Janeiro: Topbooks, 2004.

JOÃO CRISÓSTOMO. *On the Priesthood:* Ascetic Treatises; Select Homilies and Letters. Homilies on the Statues. V. 9. Edição de Philip Schaff. New York: Christian Literature Co., 1889.

KIERKEGAARD, S. *Etapas en el camino de la vida*. Buenos Aires: Santiago Rueda, 1951.

LOCKE, John. *Dois tratados do governo civil*. Lisboa: Edições 70, 2006.

LOCKE, John. *Ensaio sobre o entendimento humano*. Lisboa: Fundação Calouste Gulbenkian, 1999.

MANNHEIM, Karl. *Ideologia e Utopia*. Rio de Janeiro: Zahar Editores, 1972.

MAQUIAVEL, Nicolau. *A arte da guerra*; *A vida de Castruccio Castracani*; *Belfagor*, o arquidiabo. Brasília: UnB, 1994.

MAQUIAVEL, Nicolau. *Discursos sobre a primeira década de Tito Lívio*. MF. São Paulo: Martins Fontes, 2007.

MAQUIAVEL, Nicolau. *Escritos políticos*. Bauru: Edipro, 1995.

MAQUIAVEL, Nicolau. *História de Florença*. São Paulo: Musa, 1998.

MAQUIAVEL, Nicolau. *O Príncipe*. São Paulo: 34, 2017.

MARX, Karl. *Teses sobre Feuerbach*. Centaur. Edição do Kindle, s/ano.

MARX, Karl; ENGELS, Friedrich. *O manifesto comunista*. São Paulo: Paz e Terra, 1999.

MAUGHAM, William Somerset. *O fio da navalha*. São Paulo: Folha de São Paulo, 2003.

MERLEAU-PONTY, Maurice. *O visível e o invisível*. São Paulo: Perspectiva, 1971.

MONTAIGNE, Michel de. *Os ensaios*: uma seleção. São Paulo: Companhia das Letras, 2010.

MORUS, Thomas. *A Utopia*. Lisboa: Fundação Calouste Gulbenkian, 2006.

ORTEGA Y GASSET. *Meditações do Quixote*. São Paulo: Livro Ibero-Americano, 1967.

ORTEGA Y GASSET. *O que é filosofia?* Rio de Janeiro: Livro Ibero-Americano, 1971.

OVÍDIO. *Poemas da carne e do exílio*. São Paulo: Companhia das Letras, 1997.

PLATÃO. *A República*. Lisboa: Fundação Calouste Gulbenkian, 1996.

PLATÃO. *O Banquete*. Bauru: Edipro, 2010.

PLATÃO. *Teeteto*. São Paulo, Edipro, 2013.

QUINTANA, Mario. *Poesia completa*. Rio de Janeiro: Nova Aguilar, 2006.

REIS, Nilo Henrique Neves dos. *Maquiavel na Inglaterra e o inconfesso intérprete David Hume*. Belo Horizonte: Dialética, 2020.

RIBEIRO, João Ubaldo. *Política*: quem manda, por que manda, como manda. Rio de Janeiro: Nova Fronteira, 1998.

ROUSSEAU, Jean-Jacques. *Do contrato social*. São Paulo: Abril Cultural, 1978.

SÁ-CARNEIRO, Mario. *Dispersão*. (Locais do Kindle 6). Edição do Kindle, 2015.

SARTE, Jean-Paul. *O Existencialismo é um humanismo*. Lisboa: Presença, 1978.

SCHOPENHAUER, Arthur. *The World as Will and Idea*. v. 2. Londres: Routledge, 2011.

SÓFOCLES. *A trilogia tebana:* Édipo Rei; Édipo em Colono; Antígona. Rio de Janeiro: Jorge Zahar Editor, 2002.

SWIFT, Jonathan. *As aventuras de Gulliver*. São Paulo: Companhia das Letras; Penguin, 2010.

TOMÁS DE AQUINO, Santo. *Escritos políticos de São Tomás de Aquino*. Petrópolis: Vozes, 2011.

UNAMUNO, Miguel de. UNAMUNO, Miguel de. *Vida de Don Quijote y Sancho*. Madrid: Alianza Editorial, 1989.

VIEIRA PINTO, Álvaro. *O Conceito de Tecnologia (Vols. I e II)*. Rio de Janeiro: Contraponto, 2005.

VOLTAIRE, François Marie Arouet. *Tratado sobre a tolerância*. São Paulo: Martins Fontes, 1984.